KB266599

솔로몬의 시편 연구

유은호 지음

예수영성

솔로몬의 시편 연구

발행일 : 초판 1쇄 발행 2026.4.30
저　자 : 유은호
발　행 : 예수영성
펴낸이 : 강보경
펴낸곳 : 예수영성
편　집 : 유현우
디자인 : 유현우
이 메 일 : windowchurch@naver.com
출판등록일 2019년 9월 2일 제2019-000110호
주　소 : 05712 서울시 송파구 중대로 9길 42-16, 3층
전　화 : 02-408-7947

ISBN : 979-11-984136-2-8(03230)
값 : 10,000원

이 책을 은사이신 정양모 신부님께 헌정합니다.

감사의 글

이 논문을 지도해 주신 교수님들께 감사의 말씀을 드립니다. 정양모 교수님을 통해 저는 신약을 공부하는 기쁨을 얻었습니다. 김춘호 교수님을 통해서는 따뜻한 학자의 마음을 배웠습니다. 서공석 교수님께서는 학문적 철저함에 도움을 주셨습니다. 특별히 논문을 위해 외국에서 자료를 보내주신 분들께 감사를 드립니다. 영국에 홍성욱 목사님, 독일에 이영익 목사님, 미국에 이상훈, 박요셉 전도사님께 감사를 드립니다. 이외에도 도움을 주신 박희춘 목사님, 유재동 인형께도 아울러 감사를 드립니다.

* 참고로 이 책은 필자가 1996년 1월 6일 서강대학교 대학원 종교학과 신학전공 석사 논문(M.A.)으로 제출한 '솔로몬의 시편 연구'를 책으로 출판한 것이다. 지도 교수는 정양모 신부님이셨음을 밝혀 둔다. 이 책은 '솔로몬의 시편'의 그리스어 원문을 번역하고 분석한 논문이며, 석사 논문을 수정 없이 그대로 수록했다.

목 차

서 론 / 17

제 1 장 솔로몬의 시편 해제 / 21

약 어 표

CD ： Damascus Document
CJ ： Concordia Journal
JBL ： Journal of Biblical Literature
JJS ： Journal of Jewish Studies, London
JQR ： Jewish Quarterly Review, London, Philadelphia
Jub ： Jubilaenbuch
LXX ： Septuagint
RevQ ： Revue de Qumran, Paris
SBL ： Society of Biblical Literature
SR ： Studies in Religion
ZNW ： Zeitschrift fur die neutestamentliche
　　　　Wissenschaft und die Kunde der alteren Kirche
1QH ： Hymns
1QM ： War Rule
1Qphab ： Commentary on Habakkuk
4QpHos ： Commentaries on Hosea
4QpNah ： Commentary on Nahum
1QS ： Rule
1QSb ： Book of Blessings
1QSerek ： Angelic Litergy

ABSTRACT

You, Eun-Ho

The purpose of this thesis is to translate Psalms of Solomon from its original text, attempt to find the meaning of the Psalms and study Thology of the Pharisees as it appears in the Psalms.

The methods that are used in this study are literary-historical criticism and history of religion criticism of the relationship between the Psalms of Solomon and historical facts, using the diachronic approach.

The Procedure of this these is as follows:

The first chapter determines and defines the purpose of the study.

The second chapter gives a bibliographical explanation of the Psalms of Solomon. The writer, the estimated written year, the locati on of the writer, as well as the language used will be determined. Wh o the enemies, sinners and gentiles in the Psalms will be defined. Its content and styles are also examined. A comparison study with the Old Testament, Qumran literature and the New Testament is also done in the second chapter. And finally, eight theological viewpoints found in the Psalms are stated.

The third chapter deals with content of Psalms.

Finally, The fourth chapter deals with conclusions.

From the extended study, the following conclusions are

made:

Firstly, the Psalms of Solomon were written in the first century B.C. reflecting the Judaism sect of Pharisaism. It's historical back ground was the invasion of Roman Empire and its main theme is the longing for the Messiah. The chapter seventeen is also having this theme.

Secondly, the writer of the Psalms was a Hebrew from Pharisee's group. The Psalm was written for Phrases's who were thrown out from the Hasmonia dynasty upon the invasion of Pompeius. The enemy in the Psalms of Solomon are sinners and gentiles. The sinners were the Sadducees in the priest position who had strong authority at that time and the gentiles were Roman conquerors under the leadership of Pompeius in 63 B.C.

Thirdly, the Psalms of Solomon were written in the Jerusalem area and the written year is estimated to be around 80-37 B.C.

Fourthly, the main theme of the Psalms of Solomon is attacking Sadducees and gentiles for their wrong-doing as well as the longing for Messiah to come(ch.17-18). The style is very similar to Psalms in the Old Testament but also very lamentational in its style.

Fifthly, comparing Psalms of Solomon and Old Testament, the Messiah in O.T. represent the ideal king and suffering servant while the Messiah in the Psalms of Solomon only represent the ideal kin g(17:32-33). Compared with the Qumran, the Psalms of Solomon describes the Messiah as a descendant of David the king, while the Qumran's saw the Messiah as the High Priest and a descendent of Aaron. Comparing with the

New Testament, the Psalms of Solomon and the New Testament both think of Messiah as a descendent of David. But the view of having the king on this earth in the Psalms of Solomon is not shared the New Testament.

Sixthly, the central idea in the Psalms of Solomon's is Messianic. This Messiah was described as a Ruler in God's place who does not have to have battles, but with revealed righteousness justice, holiness and wisdom. He will glorify Jerusalem and God.

국문 초록

이 글의 목적은 솔로몬의 시편 원문을 역문 하고, 개론적인 내용을 소개하며, 특히 이 시편에 나타난 바리사이의 신학 사상을 연구하려는 것이다.

이 글의 목적을 위하여 사용한 연구 방법은 이 시편과 실재 역사적 사실과의 관계성 속에서 문학-역사 비판(literary-historical)과 종교사 비판(history-of religion criticism)을 주로 사용하여 통시적 접근(diachronic approach)을 하겠다.

이 글의 절차는 다음과 같다:

Ⅰ 장에서는 문제 제기와 연구의 목적을 다루고, 아울러 연구의 범위와 절차 그리고 연구사를 다루도록 하겠다.

Ⅱ 장에서는 <솔로몬의 시편> 해제를 다루도록 하겠다. 여기에서 이 시편의 필자와 독자 그리고 이 시편에 나오는 대적자 즉, 죄인들과 이방인들이 누구인가를 밝히고, 또한 이 시편의 장소 및 연대, 언어, 내용 및 양식 그리고 구약성서와 쿰란문서, 신약성서와의 관계성을 밝힌 후에 마지막으로 이 시편의 신학 사상을 여덟 가지로 분류하여 전개하도록 하겠다.

Ⅲ 장에서는 이 시편의 내용을 다루도록 하겠다.

마지막으로 Ⅳ 장에서는 이상의 연구 결과에 따라 결론을 내리도록 하겠다.

이 연구의 결과로써 다음과 같은 결론을 얻을 수 있다.

첫째, <솔로몬의 시편>은 주전 1세기 유대교의 다양한 종교적 분파들 가운데 하나인 바리사이파의 신학을 반영하는 문헌이다. 역사적으로는 로마의 예루살렘 침략을 배경으로 하고 있으며, 이 시편의 중심 주제는 메시아 대망 사상이다. 시편 17은 이 주제를 다루고 있다.

둘째, <솔로몬의 시편>의 필자는 주전 1세기 중엽 이후 바리사이 계열의 히브리인이며, 독자는 폼페이우스가 예루살렘을 침략할 당시에 하스모니아 왕가로부터 소외된 바리사이들이다. 대적자로는 "죄인들"과 "이방인들"이 제시되고 있다. 죄인들은 기원전 1세기 중엽에 막강한 세력을 잡고 있다가 이방인들에게 공격당한 제사장 계열의 사두가이들이다. "이방인들"은 주전 63년 폼페이우스 지휘하에 예루살렘을 침략한 로마군이다.

셋째, <솔로몬의 시편>의 집필 장소는 예루살렘 지역이 직접적으로 한정된다는 점에서 예루살렘으로 추정된다. 집필 연대는 주전 80-37년 사이로 추정된다.

넷째, <솔로몬의 시편>의 내용을 살펴보면, 즉 바리사이들은 사두가이들과 이방인들의 불의를 비난하면서 메시아를 대망하고 있다(17-18편). 양식에 있어서는 구약성서의 시편과 다소 유사하면서도 탄식시의 양식이 두드러지게 나타나고 있다.

다섯째, <솔로몬의 시편>과 구약성서와의 관계를 살펴보면, 특히 구약성서의 메시아는 이상적인 왕의 모습과 고난의 종 모습으로 나타나는 데 비해 <솔로몬의 시편>에서는 이상적인 왕의 모습만 나타난다(17:32-33). 쿰란과의 관계를 보면, <솔로몬의 시편>은 다윗 계통의 왕적인 메시아사상만을 말하는 데 반해 쿰란의 메시아사상은 아론계통의 제사장 메시아사상을 강조한다. 신약성서와의 관계를 보면, <솔로몬의 시편>은 다윗의 후손으로부터 메시아가 출현한다는 사상을 가지고 있다. 이점에 있어서는 신약성서와 공통점을 보인다. 그러나 <솔로몬의 시편>에 나타나는 지상의 왕으로서의 사상은 신약성서에 나타나지 않는다.

여섯째, <솔로몬의 시편>에서 중요한 신학 사상은 메시아사상이다. 이 메시아는 하느님의 대리자로서 전쟁에 의하지 않고 통치하며, 의와 정의와 거룩한 지혜가 드러나도록 하여, 예루살렘과 하느님을 세상에서 영화롭게 하는 메시아적 왕의 모습으로 나타난다.

서 론

1. 문제 제기 및 연구 목적

<솔로몬의 시편>은 주전 1세기 유대교의 여러 분파1) 가운데 한 분파에 속한 문헌이다. 우리는 이 시편의 신학적인 내용과 역사적인 정황을 통해 이 시편이 바리사이파로부터 기원한 시편임을 밝힐 것이다. 특히, 이 시편은 그리스도교 직전 시대의 유대교의 메시아 사상을 보여주는 중요한 문헌이다.2) 우리는 이 시편을 통해 구약성서와 신약성서 중간기 시대의 메시아사상의 특징을 살펴볼 것이다.

또한 역사적으로 <솔로몬의 시편>은 주전 1세기 하스모니아 왕가의 마지막 종말의 모습이 어떠했는지 보여주며, 로마 장군 폼페이우스의 침략성을 보여준다. 요세푸스는 이 역사 과정을 유대전쟁사 1권에서 자세히 소개하고 있는데3), 우리는 이 시편을 통해 당시의 역사적인 상황을 더욱 생생하게 엿볼 수 있을 것이다.

이 <솔로몬의 시편>은 또한 구약 성서 이후 유대교에서 시가

---

1) 주전 1세기 유대교의 종교적 분파는 다섯 개로 구분할 수 있다. 즉, 바리사이파, 사두가이파, 에세네파, 쿰란 종파 그리고 열심당 등이다. 레이몬드설버그/ 김의원 역, 『신구약 중간사』 (서울: 기독교문서선교회, 1984), 77-88.

2) 여기서는 주전 1세기의 유대교 메시아사상 중에 솔로몬의 시편에만 한정시킨다는 것을 미리 밝혀둔다. 특히 시편 17-18편에는 이 메시아사상이 잘 드러나 있다.

3) 요세푸스의 유대전쟁사 1권 2-8장에는 하스모니아 왕가의 역사가 나오고 특히 7장은 폼페이우스의 예루살렘 침략을 자세히 기록하고 있다.

가 발전해 온 양상을 보여주는 중요한 자료이다.4) 우리는 이 시
편의 연구를 통하여 솔로몬의 시편에 나타나는 시가의 특징이 무
엇이었는지를 아울러 밝힐 것이다.

2. 연구 방법 및 절차

이 논문의 연구 방법은 이 시편과 실재 역사적 사실과의 관계
성 속에서 문학-역사 비판(literary-historical)과 종교사 비판
(history of religion criticism)을 주로 사용하여 통시적 접근
(diachronic approach)을 하겠다.

이 논문의 절차는 다음과 같다.

I 장에서는 문제 제기와 연구의 목적을 다루고, 아울러 연구의
범위와 절차 그리고 연구사를 다루도록 하겠다.

II 장에서는 <솔로몬의 시편>의 해제를 다루도록 하겠다. 여
기에서 이 시편의 필자와 독자 그리고 이 시편에 나오는 대적자
즉, 죄인들과 이방인들이 누구인가를 밝히고, 또한 이 시편의 장
소 및 연대, 언어, 내용 및 양식 그리고 구약성서와 쿰란문서, 신
약성서와의 관계성을 밝힌 후에 마지막으로 이 시편의 신학 사상
을 여덟 가지로 분류하여 전개하도록 하겠다.

III 장에서는 18수의 <솔로몬의 시편> 내용을 원문으로부터
역문 하고 이 시편의 내용을 설명하도록 하겠다.

마지막으로 IV 장에서는 이상의 연구 결과에 따라 결론을 내
리도록 하겠다.

---

4) J. L. Trafton, "Psalms of Solomon," in *The Anchor Bible Dictionary*
　　Vol 6 (New York: Doubleday, 1992), 116.

3. 연구사

<솔로몬의 시편>의 연구사를 살펴보면, 이 시편은 교부들에 의해 인용되거나 언급된 적이 없다. 다만 이 시편에 대한 최초의 언급은 기원후 5세기경 사본으로 추정되는 알렉산드리누스 사본 (Codex Alexa ndrinus)에 나타난다.5) 그 후, 이 시편도 다른 유대교의 작품들같이 그리스도교 안으로 들어왔지만 주목은 받지 못했다. 그러다가 1626년 John Louis de la Cerda에 의해 주목받기 시작했다. 그가 주목한 사본은, 헬라어 대문자 사본으로 알려진 8개의 사본 중에 코펜하겐 사본(H)이다. 이 사본은 정경과 외경이 함께 포함되어 있는 사본이다.6)

1874년에 J. Wellhausen은7) <솔로몬의 시편>이 바리사이적 기원을 가시고 있나고 주상했다. H. Ryle와 M. James도8) 바리사

---

5) 대영박물관 입구에 전시되어 있는 기원후 5세기 그리스어 성서 사본인 코덱스 알렉산드리누스 첫 장 서목에 "솔로몬의 시편 18수"라는 서명이 구약성서·신약성서·클레멘스 서간집 다음에 적혀 있는데, 불행히도 솔로몬의 시편 자체는 수록되어 있지 않다. 이것이 사본 끝에 수록되었던게 분명하나 지금 전해 오지 않는 까닭은 사본 끝부분이 떨어져 나갔기 때문이다. 이런 까닭에 랄프스(A. Rahlfs)는 1935년에 70인 역본을 펴내면서 그 속에 솔로몬의 시편을 다시 집어넣었다. 현존하는 솔로몬의 시편 수서본들은 죄다 기원후 10세기에서 16세기 사이에 써진 것들로서 그리스어 수서본 11편, 시리아 수서본 4편이다. 참조 S. P. Brock, "The Psalmen Salomon ," in *The Apocryphal Old Testament* (Oxfod, 1984), 649.

6) R. H. Charless, "Psalms of Solomon," in *The Apocrypha & Pseudepigrapha of the Old Testament* Vol II (Oxford: At the clarendon Press, 1913), 625.

7) J. Wellhausen, *Die Pharisaer und die Sadduzaer* (Greifswald, 1874), 93.

8) H. Ryle & M. James, *The Psalms of the Pharisees, Commonly Called the Psalms of Solomon* (Cambridge: Cambridge University Press, 1891).

이적 기원을 주장하면서 솔로몬의 시편 제목을 바리사이의 시편이라고 붙이기도 했다. 그 뒤 이러한 입장을 지지해 온 학자들로는 E. Schuerer, R. Kittel, W. Bousset, G. Gray, J. Klausner, R. Pfeiffer, A. Schlit 등이 있다.[9] 1977년에 J. Schupphaus도[10] 이 시편이 바리사이파의 문헌임을 주장했다. 그러나 1945년 사해사본이 발견된 이래로 몇몇 학자들은 이 시편의 기원이 쿰란이라고 보기도 했다. 대표적으로는, 1967에 A. Dupont-Sommer는[11] 이 시편의 필자를 쿰란 공동체의 일원이라고 주장했다. M. Burroughs[12]와 J. O' Dell도[13] <솔로몬의 시편>과 쿰란문서 사이의 유사성을 강조했다. 최근에 R. B. Wright는[14] <솔로몬의 시편>은 바리사이나 쿰란 그룹 가운데 어느 그룹에 속했는지는 단정할 수 없다고 주장했다. 그러나 현재 이들의 입장은 학계에서 설득력을 인정받지 못하고 있다.

요컨대, 이상의 연구사로부터 얻을 수 있는 결론은 이 <솔로몬의 시편>은 바리사이파의 작품으로 보는 것이 설득력이 있다. 본론에서 이 입장을 설명하도록 하겠다.

---

9) J. O'Dell, "The Religious Background of the Psalms of Solomon," *RevQ* 3(1961), 241.

10) J. Schupphaus, *Die Psalmen Solomons* (New York: Viking, 1955), 135 -137.

11) A. Dupont-Sommer, *Essene Writings from Qumran* (Cleveland: Meridian, 1976), 296-337.

12) M. Burrough, *The Dead sea Scrolls* (New York: Viking, 1955), 221-222.

13) J. O'Dell, "The Religious Background of the Psalms of Solomon," 241 -257.

14) R. B. Wright, "The Psalms of Solomon: the Pharisees, and the Essenes," in 1972 Proceedings: International Organization for Septuagint and Cognate Studies and the SBLPS, ed.R.A. Kraft. SBLSCS 2. Missou la, 2(1972), 136-154.

제 1 장 솔로몬의 시편 해제

<솔로몬의 시편>은 주전 1세기 유대교의 다양한 종교적 분파들 가운데 적어도 한 분파의 신학 입장을 반영하는 문헌이다. 이 시편은 당시의 이스라엘의 정치적 상황을 배경으로 하여 이 분파의 신학적 경향을 보여준다. 특히, 그리스도교 직전 시대의 메시아 희망을 생생하게 보여준다.

역사적으로 <솔로몬의 시편>은 주전 1세기, 로마의 예루살렘 침략을 배경으로 하고 있다. 특히, 시편 1, 2, 8, 17편을 보면, 로마의 폼페이우스에 의해 예루살렘이 침략당하는 장면을 생생하게 묘사하고 있다.15) 유대인들은 로마의 침략 세력에 정복당하여 처형당하거나 혹은 자살하거나 끌려갔다.16) 유대인들은 이 침략자들에 의해 더욱 가혹하게 억압받았으며 해방될 가망이 희박해졌다.17) 이러한 절망적 상황 속에서 필자는 하느님이 보내주실 메시

---

15) 요세푸스는 유대전쟁사 1권 7장 147절에서 폼페이우스가 예루살렘의 꼭대기에 있는 유대인들을 공격하는 장면을 묘사하고 있다. 요세푸스, 『유대전쟁사 1』(서울: 달산출판사, 1991), 102.

16) 당시의 제사장들은 로마군들이 손에 칼을 들고 자기들을 향해 돌진해 오는 것을 보고도 전혀 동요됨이 없이 하느님께 계속 제사를 드렸으며, 전제(drink offering)를 드리며 향을 피우다가 죽임을 당했다. 이날에 유대인들 가운데 처형당한 숫자는 12,000명이나 되었다. 또한 어떤 이들은 너무나 큰 혼란에 어쩔 줄 몰라 하다가 성벽 근처에 있는 건물에 불을지르고는 함께 타 죽기도 했고, 아리스토불루스 2세의 아들인 알렉산더는 로마로 끌려가기도 했다. 요세푸스, 『유대전쟁사 1』 7장 150-151; 8장 160절.

17) 폼페이우스가 예루살렘을 함락한 후 유대는 로마의 속국으로 전락하고 말았다. 그들은 계속해서 조공을 바쳐야만 했다. 결국 100년간의 전쟁으로 정치적 자유를 누렸던 마카비 운동은 그들의 계열에서 나왔던 하스모니아 통치자들의 방자함으로 인해 종말을 고하게 되었고 또다시 해방을 기대하

아가 유일한 희망이라고 고백하는바, 이러한 메시아 대망 사상이
이 시편의 중심 주제가 되고 있다.[18]

1. 필 자

H. E. Ryle-M. R. James[19], J. Viteau[20], G. B. Gray[21]등은
이 시편의 필자를 바리사이라고 주장했다. 이들의 주장은 <솔로
몬의 시편>이 내용상으로 기원전 1세기 중엽 폼페이우스의 예루
살렘 침략을 묘사하고 있고, 바리사이의 관점을 반영하고 있으며,
히브리어로 쓰였다는 점에서 이 시편의 필자를 주전 1세기 중엽
이후 바리사이 계열의 히브리인(들)[22]으로 본다. W. L. Lane은
<솔로몬의 시편>의 필자가 바리사이 계열에 속한다고 주장하며

기에 어려운 처지에 놓이게 되었다. 최광선, 『신구약 중간사-중간기의 역
사적 배경』(서울: 한국로고스연구원, 1990), 97.

18) 시편 17은 이 주제를 가장 직접적으로 다루고 있는 시편이다.

19) H. E. Ryle and M. R. James, *ψαλμοι Σολομωντος: Psalms of
the Pharisees, Commonly Called the Psalms of Solomon*
(Cambridge: University Press, 1891).

20) J. Viteau, *Les Psaumes de Salmon: Introduction, texte Grec et
traduction, avec les principales variantes de la version Syriaque par
Francois Martin* (Documents pour l'etude de la Bible; Paris: Letouzey
et Ane, 1911).

21) G. B. Gray, " The Psalms of Solomon," in *APOT* 2, 625-652.

22) 이 시편의 필자가 한 사람의 작품이라는 설(L. Lost, *Einleitung in die
Apokryphen und Pseudepigraphen*, Heidelberg: Quelle & Meyer 1971)
과 여러 사람의 작시를 모은 것이라는 설(S. Holm-Nielsen, *Die Psalmen
Salomos (Judische Schriften aushellenistisch romischer Zeit*, Band 4.
Lieferung 2), Gutersloh : Gerd Mohn, 1977)이 맞서고 있다.

그 근거를 다음과 같이 제시한다. 우선, 시편 필자는 스스로를 경건한 사람이라고 자칭하고 죄인의 멸망을 빌고, "부자"와 "빈자", "의인"과 "악인" 같은 이분법을 좋아하며, 고난을 하느님의 응징이라 여기며, 메시아를 대망하고 있는데, 이러한 것들은 당시 바리사이의 신학적 특징들이라는 것이다.[23] R. R. Hann도 기원전 1세기 중엽의 바리사이들은, 정화된 성전과 정통의 제사장을 원했으며, 이스라엘 왕정을 재건하는 데 반대했다는 점에서, 이 시편의 필자는 바리사이와 일치한다고 주장한다.[24]

그러나 최근에 J. O'Dell은 이 시편의 사상이 바리사이 계열만이 아니라 쿰란 계열의 문서에서도 발견된다는 점에서, 그 필자를 바리사이 계열로만 한정시켜서는 안 된다고 주장한다. 예컨대, 하스모니아 왕가를 반대한다거나(1:8; 8:15.24-26; 17:5-9), 율법에 순종한다거나(1Q Serek I:7-8, 12-14; III:5-6, 8-9; V:8, 22), 하느님에 의해 모든 것이 예정되어 있다는 사상은 오히려 쿰란 계열의 문서에서 더 강조되고 있다는 것이다.[25] J. L. Trafton도 "의인"(11:1)과 "악인"(12:5) 등의 이분법적 표현은 당시 유대에 널리 퍼져 있었던 표현 방식이며 바리사이 계열에만 한정되지 않는다고 주장한다.[26] 이들의 주장은 다소의 타당성을 갖고 있다고 할 수 있을지는 모르지만, 부분적 고찰에 불과한 것으로 평가된다.

요컨대, 최근에 J. O' Dell이나 J. L. Trafton이 다소 이의를 제기하고는 있지만 <솔로몬의 시편>의 필자는 주전 1세기 중엽 이후 바리사이 계열의 히브리인이라는 것이 학계에서 널리 받아들여지는 정설이다.

---

23) W. L. Lane, "Paul's Legacy from Pharisaism: Light from the Psalms of Solomon," *CJ* 8(1982), 130-138.
24) R. R. Hann, "The Community of the Pious: The social Setting of the Psalms of Solomon," *SR* 17(1988), 183.
25) J. O' Dell, "The Religious Background of the Psalms of Solomon," 244.
26) J. L. Trafton, "The Psalms of Solomon," 116.

2. 독 자

<솔로몬의 시편> 이 히브리어로 쓰였고, 온 인류가 아니라 이스라엘의 영광을 되찾는 것에 대하여 주로 이야기하고 있다는 점에서 이 시편의 독자는 히브리인으로 한정된다. 내용상으로는 주전 1세기 중엽 폼페이우스의 예루살렘 침략이 자세한 설명 없이 이미 독자들도 알고 있는 사실로 전제되고 있다는 점에서, 이 시편의 독자들은 주전 1세기 중엽 폼페이우스의 예루살렘 침략을 생생하게 알고 있는 사람들로 한정된다. 그뿐만 아니라 이들은 예루살렘이 공격당함을 하느님의 심판으로 묘사하고 있고(8:7), 예루살렘의 아들들이 성전을 모독하고 있는 것을 비난하고 있다는 점에서(8:3) 힐카누스 1세(주전 135-105년)와 갑작스럽게 절교한 이래로 아리스토불루스 2세의 집권 때까지 하스모니아 왕가로부터 소외된 바리사이들로 한정할 수 있다.27) 특히 <솔로몬의 시편>에서는 여러 곳에서 "우리"와 "그들"이라는 대칭적 표현을 자주 사

---

27) 힐카누스 1세와 바리사이들 사이가 갑작스럽게 절교된 사실은 다음과 같은 전승이 있다. 즉, 힐카누스 1세가 어느 날 바리사이의 집회에서 그가 올바른 길에서 벗어난 것을 발견할 수 있다면 진언해 달라고 했을 때 처음에는 누구도 그를 비판하지 못하고 찬사만 늘어놓았다. 그러나 그때 엘리자(Eleazar)라는 바리사이가 일어나서 힐카누스 어머니가 안티오쿠스 에피파네스(Antiochus Epiphanes)의 시대에 포로로 감금된 적이 있었기 때문에 대제관의 명예를 내놓으라고 요구했다. 왜냐하면 여자가 감금되어 혹시 강간당할 수 있었고 그러한 어머니의 아들이 최고의 정결이 요청되는 직위를 수행해서는 안 된다는 것이었다. 힐카누스 1세는 이러한 바리사이 엘리자의 요구에 대하여 진노하여 이 요구를 모든 바리사이의 의견으로 간주하고서 그들과 절교하였다. 마침내 힐카누스 1세는 바리사이들로부터 돌아서서 그의 뜻과 정책을 지지하는 사두가이들과 점점 가까워졌고, 아리스토불루스 2세 때는 사두가이들이 정책적으로 아리스토불루스 2세와 손을 잡으려 했다. 최광선,『신구약 중간사-중간기의 역사적 배경』, 90-96.

용하고 있는데28), 이 시편에서 "우리"가 바리사이들을 대변한다면 "그들"은 당시에 하스모니아 왕가를 지지하며 성전의 주도권을 잡고 있었던 사두가이들이다.29) 요컨대, 이 시편의 독자는 폼페이우스가 예루살렘을 침략할 당시에 하스모니아 왕가로부터 소외된 바리사이들이다.

<솔로몬의 시편>의 독자에 해당하는 바리사이들은 "경건한 자들"로 불린다. 이 "경건한 자들"인 바리사이들은 다음과 같이 묘사된다. 곧, 그들은 메시아의 권세 아래로 돌아갈 때만 복수할 수 있다(12:6; 17:22-25). 그들은 또한 현재의 어려움을 하느님의 단련으로 받아들인다(7:3). 다시 말해서, 그들은 경건한 자들의 그룹에 속한 자들이며(3:3-8), 하느님의 거룩한 자들이고(9:3), 주님을 두려워하는 자들이다(15:13). 그들은 성전과 예배를 더럽혔던 자들을 반대하는 자들이며, 제의적인 문제에 관심이 있고, 폭군에 의해 더럽혀진 성소에 관해 관심이 있다(2:3; 8:11-12).

또한 그들은 율법에 헌신적이다. 그들은 율법에 대한 순종을 경건의 가치로 보고 있으며(14:1-3)30), 불법자들의 행위를 멸시하고(12:1-4), 하느님이 명령한 율법 안에서 의롭게 산다고 자부한다(14:2). 그들은 스스로를 의롭다고 여기며 이방인들을 죄인들로 여기고 이방 세계와 대조된 이스라엘의 의로움을 강조한다(1:1; 2:1, 24).

또한 그들은 하느님 앞에서 인내하는 자들이다(12:6; 14:1; 16:11). 그같은 인내는 다가오는 세대에서 보상을 위한 것이다 (13:9-11; 14:3; 15:15; 16:1-3). 그들은 약속이 성취되기를 기다리

---

28) <솔로몬의 시편>에서는 1; 2; 3; 4; 8; 9; 12; 13; 14; 15; 16; 17편에서 이러한 대칭적인 표현이 사용되고 있다.

29) 사두가이들은 힐카누스 1세(주전 135-105년) 때나 알렉산더 얀네우스(주전 103-76년)때도 영향력이 있었지만 아리스토불루스 2세(주전 67-63년) 때는 그 이전보다 막강한 세력을 장악하고 있었다. 레이몬드 설버그/ 김의원 역.『신구약 중간사』(서울: 기독교문서선교회. 1984), 83.

30) 참조, 3:8-10; 5:20; 9:7, 9; 10:5; 17:21; 18:9

고(12:7), 약속된 메시아 왕이 오기를 고대한다(17:23; 18:6). 그들은 많은 고난을 겪고(3:4) 불행을 받아들이며(3:5), 기쁨의 삶을 유업으로 받는다(14:6-7). 또한 영원한 삶으로 인도될 것을 소망하며(3:16), 성적인 죄를 삼가는 자들이다(16:7).

3. 대적자

<솔로몬의 시편>에서는 대적자, 곧 비판의 주요 대상으로서 "죄인들"과 "이방인들"이 제시되고 있다. "죄인들"은 히브리인임에도 불구하고 하느님을 무시한 자들이며(4:14), "이방인들"은 기원전 1세기 중엽에 예루살렘을 침공하여 하느님의 제물들을 불법으로 모독한 자들이다(2:3). 다시 말해서, "죄인들"과 "이방인들"은 하느님의 뜻을 거역하는 자들이다.

1) 죄인들

"죄인들"은 반다윗 왕가와 연관되어 있다(17:7-8). 즉, 그들은 아리스토불루스 1세(주전 104년) 때로부터 시작한 하스모니아 가문31)을 지지한 사람들로 추정된다. 구체적으로는 폼페이우스가 아

---

31) 하스모니아 가문은 다윗 가문이 아님에도 불구하고 이스라엘 정권을 탈

리스토불루스 2세의 권력을 무너뜨린 시기, 즉 힐카누스 2세가 대제관으로 있었던 때(주전 63년)의 사람들로서 이들은 당시에 하스모니아 왕가와 로마 식민 정권과 결탁하여 있었던 사두가이들과 일치한다.32) 다시 말해서, 경건한 자들을 반대한 죄인들은 기원전 1세기 중엽에 막강한 세력을 잡고 있다가 이방인들에게 공격당한 제관 계열의 사두가이들이다.33)

<솔로몬의 시편>에 나타나는 죄인들 즉, 사두가이들은 나라가 번영한 때에 처하여 부를 얻을 수 있었으며, 번영에 따라 그들은 거만하고 자만하여 하느님을 무시하였다(4:14, 24). 그들은 음탕한 죄를 저질렀고(2:13-15; 4:4; 8:9, 24), 성소를 더럽혔으며 세속적 목적만을 추구했다(1:8; 2:3; 8:12, 26). 그들의 범죄는 이방인을 능가했고(1:8; 2:11; 8:14), 겉보기에는 지극히 훌륭해 보였지만 실질적으로는 위선자들이었다(4:2, 7, 11, 22, 27). 그들은 제사를 드릴 때 정결례를 하지 않았으며 형식적인 의식만을 즐겼고(1:8; 2:3, 5; 7:2; 8:12; 17:45), 거리낌 없이 이방의 습관을 추종했다(8:22).

"죄인들"은 그들의 행동에 따라 영원히 보응을 받을 것이며(2:38), 영원히 멸망할 것이고(3:13, 15), 그들의 유업은 스올이고 어두움과 멸망이다(14:6). 의인들과 죄인들의 마지막 구별은 주님의 심판의 날에 되며(15:8, 12), 심판의 시작은 기근과 역병이다(15:9).

취했고(17:5-6), 사독 가문이 아니었는데도 대제관직을 찬탈했다. 하스모니아 가문과 사두가이들은 율법을 지키지 않았으며(1:8; 2:3-5; 8:11-14, 22; 17:20), 이방인 침략자들의 비행을 본받았다(17:15).

32) 정양모, "유대교와 기독교."「종교신학연구」 7(1994), 147.

33) 폼페이우스가 예루살렘을 침략할 당시의 상황은 힐카누스 2세는 대제관으로 있었고, 그의 동생인 아리스토불루스 2세는 그의 어머니 알렉산드라 여왕이 아팠을 때 반역을 하고 형으로부터 왕위를 넘겨받은 상태였다. 알렉산드라 여왕 때 전성기를 누렸던 바리사이들은 그녀가 죽고 나서 점점 그 힘을 잃어가고 있었다. 요세푸스, 『유대전쟁사 1』 5장 110절; 6장 121절. 반면에 사두가이들은 그 이전보다 더 막강한 세력을 장악하고 있었다. 레이몬드 설버그, 『신구약 중간사』, 83.

요컨대, <솔로몬의 시편>에서 "죄인들"은 이 시편의 필자 및 독자로 상정되는 "우리" 곧 바리사이들의 대적자 내지 주요 비판 대상으로서, 구체적으로는 주전 1세기 중엽에 막강한 세력을 잡고 있다가 이방인들에게 공격당한 제관 계열의 사두가이들이다. 그들은 하느님을 무시하고 이방인들보다도 더 악한 범죄를 행하는 위선자들이었다. 그들은 그들의 행동에 따라 영원히 보응받을 것이며 영원히 멸망받을 자들이다.

2) 이방인들

<솔로몬의 시편>에서 "죄인들"과 함께 바리사이의 대적자로 등장하는 "이방인들"은 어떠한 사람들의 부류를 지칭할까?

그들은 "땅의 끝으로부터" 왔고(8:15), "예루살렘을 정복"했으며(17:14), "포로들을 서쪽으로 데리고" 갔다(8:12). 그들은 예루살렘에서 소수의 사람에게 환영받았고, 예루살렘에 접근하도록 길을 안내받았다(8:16-18).[34] 그러나 이방인들은 아리스토불루스 2세의 저항에 부딪혔고, 그 저항을 무너뜨리기 위하여 성벽을 부수는 파성기를 사용하였다(2:1).[35] 그러나 이방인들의 우두머리는 이집트

---

34) 여기에 소수의 사람은 힐카누스 2세를 추종하는 무리이다. 이들은 성문을 활짝 열고 폼페이우스를 맞이해야 한다고 주장했다. 성안의 백성들은 두려워 떨면서 힐카누스의 추종자들의 주장에 동조했다. 요세푸스, 『유대전쟁사 1』 7장 142-143).

35) 아리스토불루스 2세를 추종하는 자들은 계곡 한가운데에 있는 성전으로 피신한 후 그곳과 예루살렘을 잇는 다리를 절단하고 끝까지 항전했다. 폼

에서 죽었고, 그의 몸은 장사 지내지도 못한 채 웃음거리가 되었
다(2:26-27). 그의 몸이 장사 지내지도 못한 채 웃음거리가 된, 그
이방인들의 우두머리는 명백히 기원전 48년 이집트에서 사망한
폼페이우스이다.36) 그러므로 <솔로몬의 시편>에서 "이방인들"은
기원전 63년 폼페이우스 지휘하에 예루살렘을 침략한 로마군들이
다. 그들은 대량학살을 자행했으며(8:19-21), 그들의 군대는 성전
의 제단마저 짓밟았다(2:2).

요컨대, <솔로몬의 시편>에서 "이방인들"은 기원전 63년 폼페
이우스 지휘하에 예루살렘을 침략한 로마군들로서, "죄인들"과 마
찬가지로 잔악무도하고 하느님의 거룩함을 모독하는 자들이었다.

4. 집필 장소 및 연대

<솔로몬의 시편>에서 예루살렘이 자주 거론되는 점으로 미루
어37) 이 시편의 집필 장소는 예루살렘으로 추정된다.38)

집필 장소가 이처럼 명료한 것과는 달리 집필 연대는 약간 불
명료하다. 그러나 그 연대의 상한선과 하한선은 다소 뚜렷하게 제
시될 수 있다. 우선, <솔로몬의 시편>에서는 폼페이우스에 의한

페이우스는 높은 망대를 세우고 투석기로 성벽 꼭대기에 모여 있는 유대
인들을 공격하였다. 요세푸스, 『유대전쟁사 1』 7장 143, 147절).
36) S. P. Brock, *The Psalms of Solomon*, 651.
37) '예루살렘'에 대한 직접적인 언급은 2:3, 11, 13, 20, 21, 23; 8:4,
　　 15, 19, 20, 21, 22; 11:1, 2, 7, 8; 17:31절 등에 나타난다.
38) S. P. Brock, *The Psalms of Solomon*, 651-652.

예루살렘 정복을 묘사하고(8편), 하스모니아 왕가(주전 63년)의 강제 퇴위를 언급하고 있으며(2:3-14),[39] '폼페이우스의 살해'(2: 30)가 이 시편에서 언급되는 최후의 역사적 사건이라는 점에서, 이 시편의 최종 편집은 폼페이우스가 죽은 기원전 48년 이후에 이루어졌다고 하겠다. 다시 말해서, <솔로몬의 시편>을 집필한 연대의 하한선은 기원전 48년 이후에 써졌을 가능성이 있다.[40]

한편, <솔로몬의 시편>을 집필한 연대의 상한선에 대한 확정은 매우 추측적이다. Wellhausen은 시편 4에서 알렉산더 얀네우스(Alexander Janneus)[41]에 대해 언급한 것으로 보고 집필 연대의 상한선을 주전 103년으로 보았다. 그러나 R. H. Charles는 Wellhausen의 이러한 설을 편벽된 것으로 간주했다.[42] 대부분의 학자는 이 시편의 집필 연대의 상한선을 대략 기원전 80년경으로 추정한다.[43]

---

39) O. Eissfeldt, "The Psalms of Solomon," in *The Old Testment,* trans., P. R. Ackroyd (New York: Harper & Publishers, 1965), 612.

40) Eissfeldt는 17편 7절에서의 '하스모니아 왕가에 대적한 외국인'을 헤로데 대왕으로 보아 이 시편의 하한선을 기원전 4년경까지 보기도 한다. O. Eissfeldt, *The Psalms of Solomon,* 612). 그러나 헤로데 대왕의 이스라엘 통치(기원전 37-4년)에 관해서 언급되어 있지 않기 때문에 하한선은 기원전 37년 이후로 내려가지는 않는다.

41) 알렉산더 얀네우스는 하스모니아 가문 출신의 왕으로서 유대의 대제관직을 겸임하였다(주전 103-76년).

42) R. H. Charles, "Psalms of Solomon," 630.

43) 이러한 입장을 지지하는 학자들은 다음과 같다. R. H. Charles, *The Apocrypha and Pseudepigrapha of the Old Testament,* 625; R. Kittel, *Die Psalmen Solomos* (from E. Kautzsch, Die Apokryphen und Pseudepigraphen des Alten Testaments,ll), Tübingen, 1900, 128; P. Volz, *Die Eschatologie der Judischen Gemeinde im neutestamentlichen Zeitalter* (Tubingen 2, 1934), 26; J. Klarsner, *History of the Second Temple, lll* (in Hebrew) (Jerusalem), 5, 19, 58, 231; J. Brierre-Narbonne, *Exegese apocryphe des propheties messianiques,* (Paris, 1937), 5; L. Gry, *Le Messie des Psaumes de Salomon, in Museon* (Nouvelle Serie) 7(1906), 231; J. Liver, *The House of David* (in Hebrew) (Jerusalem, 1959, 141. J. O' Dell, "The Religious

요컨대, <솔로몬의 시편>은 대략 주전 80-37년 사이에 예루살렘에서 쓰인 것으로 추정된다.

5. 언어, 내용 및 양식

1) 언어

<솔로몬의 시편>의 원문이 히브리어로 쓰였다는 것에 대해서는 대부분의 학자가 동의하고 있다.44) 그러나 이 히브리어 원문은 유실되었고, 헬라어 사본과 시리아어 사본만 남아 있는데, 이 사본들에 대한 평가에 있어서는 여러 학자가 견해를 달리하고 있다.
예컨대, H. E, Ryle and M. R, James와45) R. H. Charles는46) 시리아어 사본은 히브리 원문으로부터 직접 번역한 것이 아니라

Background of the Psalms of Solomon," 241.

44) 이러한 입장을 지지하는 학자들은 다음과 같다. R. Kittel, *Die Psalmen Solomos*, 129; J. Liver, *The House of David*, 141; J. Brierre-Narbonne, *Exegese apocryphe des propheties messianiques*, 5; O. Eissfeldt, *Einleitung in das Alte Testament* (Tübingen 2, 1956), 754. J. O' Dell, "The Religious Background of the Psalms of Solomon," 242.

45) H. E. Ryle and M. R. James, *ψαλμοι Σολομωντος Psalms of the Pharisees, Commonly Called the Psalms of Solomon*, 1891.

46) R. H. Charlesworth, "The Salms of Solomon," 1913.

헬라어 사본으로부터 번역한 것으로 보았다. 최근에 R. B. Wright
도47) 이러한 입장을 취하고 있다. 그러나 1937년에 K. G. Kuhn
은 시리아어 사본이 헬라어 사본으로부터 번역된 것이 아니라 히
브리어로부터 직접 번역된 것이라고 주장했다.48) Kuhn은 시리아
어 사본 가운데 헬라어로부터 번역한 것이라고 보는 부분에 대해
서는 번역자가 히브리어 본문의 의미가 명확하지 못하므로 헬라
어 번역문을 참조하여 취한 부분이라고 주장하면서 시리아어 사
본을 재평가하였다.49) 최근에 J. L. Trafton도 이러한 Kuhn의 입
장을 지지하고 있다.50) 또한, J. H. Charlesworth도 신의 이름에
있어서 시리아어 사본과 헬라어 사본 사이에 서로 다른 표현이

---

47) R. B. Wright, "Psalms of solomon," in *The Old Testament
Pseudepigrapha* Vol 2 ed. J. H. Charlesworth (New York:
Doubleday & Company, Inc, 1985).

48) K. G. Kuhn, *Die alteste Textgestalt der Psalmen Salomos*, 1937.

49) 즉 1:6의 시리아어 본문의 la yidhau는 헬라어 사본의 ουκ ηνεγκαν이 아
니라 히브리어 원문 lo hebinu을 따랐을 가능성이 높다는 것이다. Kuhn은
2:4-5:23; 4:4; 5:4; 8:12; 10:3; 14:2, 7, 8; 15:1; 16:4; 17:11, 17, 20, 26, 31을
예로 들고 있다.

50) Trafton은 추가로 다음과 같은 논증을 제시한다. 첫째, 시리아어 사본이
헬라어 사본에서 번역된 것이기 때문에 같은 곳이 동일한 방식으로 틀리
게 번역되고 있다는 기존의 논증에는 명백한 허점이 있다는 것이다. 즉,
기존의 논증에서는, 예를 들어, 17:36에 "주 메시아(msyh'mry' = The
Lord Messiah)"는 원래 히브리어의 "주님의 메시아(משיח יהוה = The
Messia of the Lord)"로부터 번역된 것이 아니라 헬라어의 잘못된 번역으
로부터 다시 번역한 것이라고 주장한다. 다시 말해서, 시리아어 사본이 헬
라어 사본과 똑같이 번역하고 있다는 것이다. 그러나 Trafton은 이러한 표
현이 시리아어 사본에서 원래 "dmry"였던 것이 "mry"로 붕괴하여 나타난
것으로 볼 수 있다고 주장한다. 즉 접두사 d가 원래 있었기 때문에 오히
려 시리아어 사본의 표현은 히브리어 원문과 같아진다는 것이다. 그러므
로 시리아어 사본은 히브리어 원문을 번역했을 가능성이 높다고 주장한다.
둘째, 시리아어 사본이 헬라어 사본에 의존되어 있다고 보는 또 다른 논
증은 시편 1:3에 시리아역 "왜냐하면(mtld)" 이 문맥에 어울리지 않는다는
것이다. 즉 헬라어 "οτι"를 잘못 번역했다는 것이다. 그러나 원문의 히브
리어 "כי"는 이렇게 "왜냐하면"으로 번역 할 수 있다고 주장한다. J. L.
Trafton, "The Psalms of Solomon: New Light from the the Syriac
Version?" 231-232.

사용되고 있는데, 이러한 사실은 시리아어 사본이 헬라어 사본이
아니라 히브리어 원문에서 번역된 것임을 증명해 준다고 주장한
다.51)

　　요컨대, <솔로몬의 시편>의 원문이 히브리어로 쓰였다는 것에
대해서는 대부분의 학자가 동의하고 있다. 그러나 시리아어 사본
은 헬라어 사본으로부터 중역된 것이라는 설도 있고, 현존하는 헬
라어 사본과 시리아어 사본에 대한 평가에 있어서는 양자가 모두
히브리어 원문으로부터 직접 번역된 것이라는 설도 있어, 이 두
가지 설이 아직 맞서고 있다.

2) 내 용

　　<솔로몬의 시편>의 내용을 살펴보면, 주전 1세기 중엽 예루살
렘에 대한 로마군의 침공이 이 시편의 역사적 배경이 되고 있다.
이 시편의 필자가 한 사람이든 여러 명이든 중요한 것은, 이 시편
이 바리사이 공동체의 사상을 반영하고 있음을 이해하는 것이 중
요하다. 필자는 공동체가 핍박에 대항하여 함께 연합할 것을 강조
하며, 미래에 희망을 두기를 촉구한다(6편).

　　<솔로몬의 시편>에 나타나는 내용 가운데 여러 개념이 주전
1세기 바리사이파의 신학적 특징을 드러내고 있다. 즉, 율법에 대
한 해석(4:8), 인간의 자유의지(9:4-5), 부활(2:31; 3:12), 징벌(2:7)

---

51) J. H. Charlesworth, "Psalms of Solomon," in *The Anchor Bible
　　Dictionary* Vol 6 (New York: Doubleday, 1992), 115.

등이다. 이 가운데 특히, 부활 주제는 당시의 바리사이의 독특한 신학적 주제이다.[52]

이 시편의 내용을 개괄적으로 살펴보면 다음과 같다. 바리사이들은 비탄에 잠기면서도 희망에 차 있고, 교훈을 되새기고 하느님을 찬양하며, 사두가이들과 이방인들의 불의를 비난하고 하느님의 구원을 간구하며, 죄진 자들에게 처벌을 경고하고, 의로운 자들에게 보답이 약속되어 있음을 확신한다. 그들은 성전이 세속화되고 성직자가 탐욕에 빠지고 예루살렘이 이방인들에 의해 유린당하는 것에 대하여 격노하며 메시아에 의한 구원을 대망한다(17-18편).

또한 바리사이들은 성전을 더럽히는 침략자들의 잔악무도함에 분개하면서도 오히려 그 자신들의 동포 곧 사두가이들의 타락과 배반을 더욱 비판한다(1:8; 2:11; 8:14; 17:17). 이러한 바리사이들의 사상에 대한 묘사 가운데 가장 두드러지는 것은 시편 17과 18:1-9절을 중심으로 하여 나타나는 메시아 대망 사상이다.

3) 양 식

<솔로몬의 시편>은 그 양식에 있어서 구약성서의 시편과[53] 다소 유사하면서도 탄식시의 양식이 두드러지게 나타나고 있다.

---

52) 정양모, "유대교와 기독교," 146.

53) Gunkel은 구약시편의 유형을 여섯 가지로 분류하였다. 즉, 1. 찬양시 2. 야웨 즉위의 노래 3. 백성의 애가 4. 제왕시 5. 개인의 애가 6. 개인 감사의 노래 등이다. H. Gunkel, *Einleitung in die Psalmen* (Göttingen: Vandenhoeck & Ruprecht, 1975), 32-327.

다시 말해서, <솔로몬의 시편>의 주요 유형은 찬송(2:30, 33-37; 3:1-2), 개인적 애가(2:19-25; 7; 8:22-34; 16:6-15) , 감사의 노래 (13:1-4; 15:1-6; 16:1-5) , 교훈적인 시(3:3-12:6;)로 구성되어 있으며,[54] 그 가운데 탄식시의 양식이 두드러지게 나타난다(4; 5; 7; 8; 9; 12; 17).

또한 <솔로몬의 시편> 17:29; 18:9에 나타나는 셀라(Selah = "διαψαλμα")라고 하는 기술적인 전문 음악 용어가 사용되고 있다는 점에서 이 시편이 예배의 상황에서 읊어졌음을 알 수 있다.

요컨대, <솔로몬의 시편>은 그 양식에 있어서 대략 구약성서의 시편과 유사하면서도 탄식시의 유형이 두드러지게 나타나고 있는 예배 시이다.

6. 구약성서 · 쿰란문서 · 신약성서와의 관계

1) 구약성서와의 관계

<솔로몬의 시편>은 그 사상과 양식에 있어서 구약성서를 계승하고 있으며, 여러 점에서 유사점을 보인다. 우선 <솔로몬의 시편>은 구약의 시편과 그 양식에 있어서 공통점을 보이고 있다. 예를 들면 찬송(2:30, 33-37; 3:1-2), 개인적인 애가(2:19-25; 7:8,

---

54) O. Eissfeldt, *The Psalms of Solomon*, 611.

22-34; 16:6-15), 감사의 노래(13:1-4; 15:1-6; 16:1-5), 연역시 (3:3-12) 등의 양식이 이 두 문헌에서 공통으로 나타나고 있다.

사상에 있어서도 <솔로몬의 시편>이 구약성서를 계승하고 있는 내용으로서 주목되는 것은 하느님에 대한 거역과 그것에 대한 하느님의 진노를 기술하는 부분이다. 예컨대, 하느님에 대한 거역은 구약성서에서는 "성소를 짓밟은 자들"(이사 63:16-19)이라고 묘사되고, <솔로몬의 시편>에서는 "제단 위에 올라가서 저들의 신발로 짓밟았습니다"(2:2)라고 묘사된다. 구약성서에서의 "당신 얼굴을 제게서 감추시렵니까?"(시편 13:1)라는 표현은 <솔로몬의 시편>에서의 "당신의 얼굴을 돌리셨습니다"(2:8)라는 표현과 비교된다. 하느님의 진노는 구약성서에서 "이스라엘의 영광을 하늘에서 땅으로 내던지셨다"(애가 2:1)라고 묘사되며, <솔로몬의 시편>에서는 "예루살렘의 아름다움은 수치스럽게 땅에 떨어졌습니다"(2:21)라고 묘사된다.

또한, 이스라엘의 부유를 땅의 소유로 비유하는 표현이 구약성서와 <솔로몬의 시편>에 공통으로 나타난다(이사 60:21; 솔로몬의 시편 1:4). 그밖에, 의로운 자들과 악한자들의 비교도 공통으로 나타난다(잠언 24:16-22; 솔로몬의 시편 3:3-12).

한편 구약성서에 나타난 메시아사상은 이상적인 왕의 모습과 고난의 종 모습으로 나타나는데[55] 비해 <솔로몬의 시편>에서는 이상적인 왕의 모습만이 나타난다. 다시 말해서, 이 메시아는 전쟁에 의지하여 통치하지 않는 메시아이며(17:33), 하느님을 대리하여 비폭력적으로 지상 세계를 통치하는 자로 나타난다(17:32).

요컨대, <솔로몬의 시편>은 구약성서로부터 내용과 형식에 있어서 많은 부분을 계승하고 있음과 아울러 메시아사상에서도 부

---

55) 구약성서에는 크게 두 종류의 메시아사상을 가지고 있다. 첫째는 이상적인 왕의 모습이며(이사 4:2-6; 7:14; 9:6-7; 11:1-4; 11:6-9; 32:1-2; 예레 30:9; 에제 37:22-24), 둘째는 고난의 종의 모습이다(이사 42:1-4; 49:1-7; 50:4-11; 52:13; 53:12. 문희석, "구약성서에 나타난 메시야 사상의 기원," 「기독교사상」 3(1972), 120-124.

분적으로 유사점을 보인다.

2) 쿰란 문서와의 관계

　　<솔로몬의 시편>은 쿰란 문서와도 내용과 양식에 있어서 다소의 유사점을 보인다. 우선 주목되는 것은 서술 양식에 있어서 두 문헌이 동일한 양식의 도입 부분을 갖고 있다.[56]

　　내용상으로는 죄에 대한 경건한 자들의 두려움은 시편 13:4-5절과 쿰란문서 1QH 4:33-37절에 공통으로 나타난다.[57] 또한, 조력과 능력의 영, 지식의 영, 특히 야훼를 두려워한다는 구약성서 이사 11:2의 내용은 시편 17:37-40절과 쿰란문서 1QSb 5:25절에 공통으로 반영되어 있다.[58] 이외에도 다소의 유사점을 보인다.[59]

---

56) S. Holm-Nielsen, "Psalmen Solomos," *Lief 2 of JSHQZ*, 56.

57) R. B. Wright, "The Psalms of Solomon:the Pharisees and Essenes," 145.

58) R. B. Wright, *Psalms of Solomon*, 648.

59) <솔로몬의 시편>과 쿰란문서와의 유사점을 살펴보면 다음과 같다. 그들은 가난한 자이다(시편 5:2; 15:1; 4QP). 그들은 예루살렘으로부터 쫓겨났다(시편 17:18-20(16-18); 1QPHab 8:4-6). 그들은 불법적인 종교 권위로부터 박해를 받았다(시편 17:6(5), 18-20(16-18); 1QpHab 8:8-17; 12:2-10). 교리를 어긴 사람들을 책망했다(시편 1:4-6 ; 4QpHab 8:10-11). 월경 때 금기를 더럽히는 것(시편 8:13(12); CD 5:6-7[참조 레위 15:19-21]). 이혼 후에 재혼을 관용하는 것(시편 8:11-15(10-14); CD 4:20-21). 이방인들과의 친밀함 (시편 1:8; 17:16-17(14-15); 4QpNah 1:1). 전통적인 달력을 내버리는 것(시편 18:11-14(10-12); 4QpHos 2:15-16; 1QH 12:1-11; Jub 1:14; 6:31-38). 천사(시편 17:40; 18:12-14; 1QS 3:20, 24; 1QM

그러나 상이점도 나타나는 데 대표적으로 메시아사상을 들 수 있다. 즉, <솔로몬의 시편>에서 메시아사상은 다윗 계통의 왕적인 메시아 사상(17:21)인데 반해 쿰란문서에서의 메시아사상은 두 메시아 사상, 즉 아론과 이스라엘의 두 메시아 사상이 나타난다.[60] 다시 말해 <솔로몬의 시편>은 다윗 계통의 왕적인 메시아 사상을 말하는 데 반해 쿰란의 메시아사상은 아론 계통의 제관 메시아사상과 이스라엘 메시아사상을 강조한다는 점이다.[61]

요컨대, <솔로몬의 시편>은 쿰란 문서와 내용과 양식에 있어서 다소의 유사점을 보인다. 그러나 <솔로몬의 시편>이 하느님의 대리자로서 전쟁에 의하지 않고 지상을 다스리는 왕적인 메시아 사상을 다루고 있다면 쿰란 문서는 아론 계통의 제관 메시아사상에 강조점을 둔다는 것이 차이점이다.

3) 신약성서와의 관계

<솔로몬의 시편>과 신약성서는 메시아사상에 있어서 유사점과 상이점을 보인다. <솔로몬의 시편>에 나타나는 메시아는 "다

9:15-16; 17:6-7; 1QS 4:22; 11:8; 1QH 3:22), 징벌 등이다(시편 2:7, 17, 30-32, 37, 39; 9:9; 13:5; 15:14; 17:10; 1QH 15:17-18; 13:16; 4:18-20; 6:29-30; 1QS 4:6-8,12-14). R. R. Hann, "The Community of the Pious: The Social Setting of the Psalms of Solomon," 185.

60) K. G. Kuhn/ 조규식 역, "The Two messiahs of Aron and Israel," 「신학논단」 (1957), 55.

61) 데이비드 플러써/ 류재영 역, 『에세네 종파사』 (서울: 예본출판사, 1994), 133-134.

윗의 후손"으로 간주한다(17:4, 21). 이 메시아는 기름 부음을 받은 자이며 이스라엘의 왕으로서 하느님을 대리해서 전쟁에 의하지 않고 지상을 다스리는 자이다(17:32-33).

신약성서도 "다윗의 후손"에서 메시아가 나타난다(마태 1:1; 로마 1:3-4; 2 디모 2:8). 이외에도 몇 개의 메시아적 명칭에서 유사점을 보이기도 한다.[62] 그러나 메시아사상에서 상이점을 나타낸다. 즉 <솔로몬의 시편>에 나타난 메시아사상은 메시아가 하느님의 대리자로서 지상 왕의 모습으로 나타난 것에 반해서 신약성서의 메시아는 오히려 고난 받는 종의 모습으로 나타난다(마르 10:45; 요한 1:29).[63]

요컨대, <솔로몬의 시편>과 신약성서는 다윗의 후손으로부터 메시아가 출현한 것에서는 공통점을 보이고 있지만 <솔로몬의 시편>에 나타나는 지상의 왕으로서의 사상은 신약성서에 나타나지 않는다. 이점에 있어서는 신약성서는 구약성서 이사 53장의 고난의 종으로서의 메시아사상을 따르고 있다.

---

62) 예를 들면, 이 두 문헌에서 "사랑받는 아들", "그의 첫아들"(시편 13:9; 마태 3:17), "유일한 아들"(시편 18:4; 요한 3:16) 등의 표현이 공통으로 사용되고 있다.
63) G. E. 래드, 신/ 이창우 번역, 『신약신학』 (서울: 성광문화사, 1983), 203.

7. 신학 사상

1) 하느님

첫째, 하느님은 창조주로서 위대하시며 찬양받으실 분이시다. 하느님은 모든 향기로운 나무를 자라게 하시는(11:5), 창조주 하느님이시다(18:10-12). 또한 하느님은 위대하시고(18:10) 능하신(2:29) 왕이시며(5:19; 17:1; 17:46), 찬양을 받으실 분이시다(2:37, 33; 5:1).

둘째, 하느님은 자비로운 분이시다(2:36; 4:25; 5:2, 15; 11:1, 9; 17:3). 또한 하느님은 긍휼을 베푸시는 분이시고(6:6; 7:8; 13:1, 10), 선하시고 인자하신 분이시며(10:7), 가난한 자들의 피난처이고(5:2; 15:1), 자비로우시다(10:6).

셋째, 하느님은 엄정하게 구별하여 심판하고 벌을 내리시는 의로운 재판관이시다(9:2). 하느님께서는 의인과 죄인을 각각 구별하시고, 그들의 행위대로 죄인들에게 앙갚음하실 것이다(2:35). 또한 하느님의 심판은 의로우시며(2:10; 2:15; 3:3, 4; 5:1, 4; 8:7, 8, 23, 24, 25, 32), 외모로 판단하지 않으시는 분이시고(2:18), 하늘에 왕이시고 왕들과 통치자들을 심판하시는 분이다(2:30, 32; 4:2). 또한 강하신 재판관이시고(4:24), 모든 인생과 운명의 저울이며(5:4), 신실하시고(8:28), 심판은 의로우시며 거룩하시고(10:5), 의로우신 분이시다(4:24; 5:17; 8:26). 요컨대, 하느님은 특히 왕들과 통치자들을 심판하시는 의로운 재판관이시다.

넷째, 하느님은 죄인에 대해 그 행위대로 갚으시는 분이시다. 또한 죄인에 대한 이방인의 공격을 막지 않으시는 분이시며(2:1),

죄지은 자를 심판하되 악한 침략자에게 넘겨주시는 분이시다(2:7). 또한 죄지은 자들을 불쌍히 여기지 않으시어 얼굴을 돌리시는 분이시고(2:8), 죄인들의 행위대로 갚으시는 분이시다(2:16; 17:8). 요컨대, 하느님은 악한 침략자의 공격까지도 이용하여 죄인을 징벌하시는 분이시다.

다섯째, 하느님은 의인에게 응답하시고 보답하시며 보호를 해주시는 분이시다. 하느님은 의인의 부르짖음에 응답하시는 분이시며(1:1, 5; 5:8; 6:5; 7:7), 의인을 구원하시는 구원의 하느님이시다(16:4, 5). 또한 의인을 먹이시는 분이시며(5:9), 의인의 길을 인도하시고 보호하신다(6:2). 하느님은 인자하시기 때문에 의인을 진멸하실 정도로 진노하시지도 않으시며(7:5), 징계를 참는 자들에게는 선하시다(10:2). 하느님은 모든 경건한 사람과 그의 집을 정결케 하시고, 법을 위반하는 자에게 노여움을 나타내신다(4:1). 다시 말해서, 하느님은 위법자가 아닌 의인들에게 응답하시고 보상하시는 분이시다.

요컨대, 하느님은 위대한 창조주로서 자비로운 분이시면시, 엄정한 재판관으로서 죄인에게는 악한 침략자를 이용해서라도 징벌을 내리시며, 의인에게는 응답하시며 보상을 주시고 인도해 주시는 분이시다.

2) 의인

우선, 의인의 행실은 어떠한가? 의인은 주님의 심판이 의롭다는 것을 인정하며 언제나 주님을 기억한다(3:3). 의인은 주님의 훈계를 경시하지 않으며, 그의 기쁨은 항상 주님 앞에 있다(3:4). 의인은 실패해도 주님이 의롭다는 것을 인정하며, 넘어져도 하느님이 그에게 어떻게 행할 것인지 주시하고, 그의 구원이 어디서 오는지를 주목한다(3:5). 의인은 그의 집을 끊임없이 살펴보아 불의를 제거하며, 금식하여 자신의 영혼을 무지에서 해방한다(3:7-8). 요컨대, 의인은 항상 깨어 있으면서 하느님의 뜻을 살피는 자이다.

이러한 의인들은 어떠한 보상을 받는가? 그들은 영원한 생명의 구원을 얻을 것이며, 주님의 빛 안에서 그 빛을 버리지 않을 것이고(3:12), 좋은 것으로 복을 받을 것이다(5:18). 의인의 영혼은 악몽으로부터 시달리지 않을 것이며, 강이나 거친 바다를 건널 때 두려워하지도 않을 것이다(6:3). 의인이 은밀한 중에 응징을 받는 이유는 죄인이 의인을 조롱하지 못하게 하기 위해서이다(13:8). 의인의 생명은 영원하며(13:11), 기쁨에 찬 생명을 유업으로 받을 것이고(14:10), 시험을 인내할 때 주님에게서 자비를 얻게 될 것이다(16:15). 다시 말해서, 의인은 두려움으로부터 시달리지 않으며 하느님의 자비 가운데 기쁨에 찬 영생의 복을 얻을 것이다.

요컨대, 의인은 항상 깨어 있으면서 하느님의 뜻을 살피며 실천하는 이들로서 기쁨에 찬 영생을 얻게 된다.

3) 죄인

죄인은 어떠한 사람들인가? 우선, 그들은 하느님을 거역하고 성스러운 것들을 더럽히는 자들이다. 그들은 제단을 짓밟고 주님의 거룩한 것들을 더럽힌다(2:1-3:29). 하느님을 기억하지 않으며 두려워하지도 않고, 오히려 하느님을 노엽게 하고 격노케 한다 (4:21). 주님의 성소를 짓밟고, 더러운 피로 제물을 더럽히며(8:12), 하느님의 이름을 위하여 정결했던 것들을 더럽힌다(8:21-22).

또한, 죄인들은 선하고 지혜로운 자들을 해치고, 악한 욕망을 지니며, 자기 자신조차 기만하는 자들이다. 죄인의 눈은 평화로운 사람들의 집을 주목하고, 그의 말은 악한 욕망을 성취하기 위해 속이며, 그 악한 욕망 때문에 집을 파괴하고 자신을 기만한다 (4:9-11). 그리고 지도자들과 지혜로운 자들을 죽인다(8:20).

그러한 죄인들은 어떠한 대가를 받는가? 그들은 파멸에 이를 것이고(13:6), 그들의 흔적은 찾아볼 수 없을 것이다(13:11). 그들의 기쁨은 짧고 부패하여(14:7), 마침내 주님으로부터 쫓겨날 것이며 소멸할 것이다(15:5). 그들은 주님의 심판을 면하지 못할 것이며(15:8), 그들의 기업은 파멸과 흑암이고 그들의 불법한 행위는 지옥 아래까지 그들을 쫓아갈 것이다(15:10). 결국 그들은 주님의 심판의 날에 영원히 멸망할 것이다(15:12). 마침내 그들은 애곡하며 지기의 생명과 생일과 이미니의 산고 고통을 저주하고, 넘어져서 그들의 몸은 상하여 일어나지 못할 것이다(3:9-10). 그들은 영원히 멸망하여 하느님이 의인을 굽어보실 때도 기억되지 않을 것이다(3:11). 다시 말해서, 죄인들은 의인들을 해치지도 못하며, 자기의 생명마저 저주하면서 영원히 멸망하여 하느님께 기억조차 되지 않을 것이다.

요컨대, 죄인은 하느님을 거역하고 성스러운 것들을 더럽히는 자들로서, 선하고 지혜로운 자들을 해치고 악한 욕망을 지니며 자기 자신조차 기만하는 자들이며, 자기의 생명마저 저주하면서 영원히 멸망할 자들이다.

4) 기 도

첫째, 의인이 괴로움으로부터 구원되기를 기원하는 기도가 있다. 의인은 심히 괴로워서 주님께 부르짖었고, 죄인들이 덮치기에 하느님께 부르짖었다(1:1). 의인은 죄인의 압제로부터 구원해 주시기를 기도하고(2:22), 대적해 주시기를 기도한다(2:25).

둘째, 죄인들을 폭로하고 징벌해 주기를 기원하는 기도가 있다. 특히, 위선자들을 제거해 주기를 기도하며(4:6), 아첨하는 자들의 행위가 드러나기를 구하고(4:7), 죄인이 수치를 당하며 신음하고 쫓겨나 저주 속에 있기를 구한다(4:14). 죄인의 인생이 고통과 가난과 근심이 되기를 소원하며 죄인의 행하는 모든 것이 실패하도록 구하고(4:15), 모든 불의를 행하는 자들을 내쫓아 주기를 기도한다(4:24).

셋째, 의인에게 자비를 베풀어 보살펴줄 것을 기원하는 기도가 있다. 의인은 하느님을 사랑하는 모든 사람에게 자비를 내려 주시도록 구하며(4:25), 의인이 괴로움을 당할 때 응답해 주시기를 간구하고(5:5), 하느님의 손으로 누르지 말아 주기를 간구한다(5:6). 의인은 굶주릴 때 먹을 것을 주시기를 구하며(5:8), 하느님의 뜻대로 훈계하시되 이방인들에게만은 넘기지 말아 주기를 구한다(7:3).

넷째, 의인들과 이스라엘이 의롭고 정결하게 살아갈 수 있게 해 주시기를 기원하는 기도가 있다. 의인들은 자신들의 영혼을 범죄와 악한 사람으로부터, 참소하는 혀로부터, 거짓과 궤사를 말하는 것으로부터 건져 주시기를 기도하며(12:1), 의인들이 주님의 약속을 기업으로 받게 해 주시기를 기도한다(12:6). 또한 그리스도의 통치가 있는 약속의 날, 축복이 있는 자비의 날을 위해 이스라엘을 정결케 해달라고 구한다(18:5).

다섯째, 의인들을 구원해 주시는 것에 감사하는 기도가 있다. 의인들은 죄인들과 함께 멸망시키지 않고 구원해 주시는 것에 감사한다(16:5).

요컨대, <솔로몬의 시편>에는 첫째로 의인이 괴로움에서 구원되기를 청하는 기도, 둘째로 죄인들을 폭로하고 징벌하여 제거해 주기를 청하는 기도, 셋째로 의인을 보살펴주기를 청하는 기도, 넷째로 의인들이 의롭게 살아갈 수 있기를 청하는 기도, 다섯째로 의인들의 구원에 감사하는 기도가 있다. 다시 말하자면, 이 시편에는 의로움의 승리를 청하는 기도와 의인들의 구원에 대한 감사의 기도가 있다. 이 시편에 나타난 기도의 유형은 당시 유대교 기도의 유형 일면을 엿볼 수 있다는 점에서 중요하다.64)

5) 계약 사상

이 시편의 필자에 의하면 이스라엘은 하느님의 사랑받는 나라이며, 하느님과 영원한 계약을 한 관계이다(7:8; 9:8-11; 11:7; 14:5; 17:4). 또한 하나님은 이스라엘 백성들이 이방인들에 의해 멸망하는 것을 허용하지 않는 분이시다(2:22-25; 7:3-5; 8:27-21).

이 시편의 필자는 아브라함 계약을 두 번(9:10; 18:3) 언급하고

---

64) J. H. Charlesworth, "Prayer in the New Testament in Light of Contemp orary Jewish Prayers," *SBL* (1993), 776-780. 참고로 <솔로몬의 시편>에 나타난 기도의 구절은 다음과 같다. 1:1-3; 2:15-21; 2:26-30; 2:33; 2:36-37; 3:6-8; 4:24-25; 5:12; 5:18-19; 6:5; 8:14-21; 9:7; 14:1-4; 15:1-3; 17:4-12; 17:21; 17:26; 17:29-34; 17:45-46; 18:5-9.

있고, 시나이 계약을 한번(10:4) 언급하고 있어서 이 두 계약에 대해서도 다소의 중요성을 부여하고 있다고 보인다. 그러나 실제로 필자가 가장 중시하는 것은 다윗 계약이다. 이러한 그의 입장은 시편 17편에 잘 나타나 있다. 이처럼 다윗 계약이[65] 강조되고 있다는 사실을 고려할 때, 그의 섭리신학은 매우 강하다. 다시 말해서, 하느님은 한 개인의 삶과 역사의 모든 상황 속에서 역사하신다. 즉 인간의 삶은 하나님의 끊임없는 감독하에 있다는 것이다. 하느님은 온 땅의 왕이며 심판자이시고(2:32; 8:24; 17:3), 모든 피조물에게 생명을 부여하시는 분이시다(5편).

요컨대, <솔로몬의 시편>에서의 계약 사상은 다윗 계약을 중심으로 하여 하느님의 섭리를 부각하고 있다.

6) 신정론

<솔로몬의 시편>에 나타난 하느님은 자비로우시고 이스라엘을 위해 사랑을 베푸시는 분이시며(5:9-11; 18:1-4; 7:4; 9:6), 가난하고 약한 자의 피난처이다(5:2; 10:6; 15:1; 18:3). 신정론은 이 시편의 필자가 계속 주장하는 신학적 주제이다. 곧, 그는 하느님이 정의를 행할 것을 포기하지 않으셨다고 주장한다. 즉 의로운 자는 번영할 것이고 사악한 자는 멸망하게 될 것이며, 이 번영과 멸망

---

65) 다윗 계약의 특징은 무조건적(unconditional) 선택에 의한 계약이며, 하느님의 일방적인 계약이라는 점에서 편무적(unilateral)이고, 영원하다(1사무 7:8-17). J. D. Levenson, *Sinai and Zion : An Entry into the Jewish Bible* (Minneapolis: Winston Press, 1985; idem, "The Davidic Covenant"

은 하느님의 자비와 저주를 눈으로 볼 수 있는 표시이다(2:1, 15-18; 3:3-5; 4:8; 8:3, 23-26; 9:2).

이 시편의 필자는 의로운 자들의 고난에 대해 문제를 제기한다. 왜 그들이 고통당해야만 하는가? 그의 첫 번째 대답은 하느님의 의로움이 지연되었기 때문이라는 것이다(16:13). 다시 말해서, 하느님은 결코 의로운 사람이 멸망하도록 허락하지 않을 것이며, 죄인에게 굴복당하도록 허락하지도 않을 것이다(2:36; 16:12-15).

두 번째 대답은, 고난은 의인을 정결케 하는 수단이고, 유익한 것일 수 있다는 것이다. 곧, 이 시편의 필자는 의인이 특별히 엄격한 단련을 받는다고 이해한다(10:1-3).

세 번째 대답은, 주님이 의인의 충성을 확인하기 위해 고통으로 의로운 사람을 시험하신다는 것이다(16:14). 그래서 의인은 사기가 꺾이지도 않았고, 고통으로 인해 분개하지도 않았으며, 오히려 자신들의 죄를 찾았고 하느님을 의롭다고 공표했다(3:3-10; 10:1-3).

요컨내, <'솔로몬의 시편'>의 필사는 하느님이 의로우시나고 하면서 의인이 고통을 받는 것은 하느님의 의로움이 잠시 지연되었기 때문이며, 하느님께서 의인을 단련하거나 시험하고자 하시기 때문이라고 본다. 간단히 말해서 그의 관심은, 의인의 고난 중에서도 하느님은 의로우시어 마지막 날에 메시아의 왕국에서 이스라엘의 고난을 해결해 주시리라는 것을 납득시키는 데 있다(18:6-10).

7) 종말론

<솔로몬의 시편>에서 말하는 종말의 날은 고난과 핍박의 끝

에 갑자기 온다. 이 시편의 필자는 현재의 어려움을 위로하기 위하여 다가올 시대의 종말 주제를 다루고 있는 것은 아니다. 그는 오히려 의인들에게 파멸로 인도하는 죄로부터 멀어지기를 경고하며, 종말의 왕국을 맞이할 준비를 위해 성결하도록 요구하는 데 의도를 두고 있다(3:7-8). 이 심판의 날에 죄인들은 파멸하게 될 것이고(2:31, 34; 15:12), 의인들은 영광을 받고 부활할 것이지만(2:31; 3:12), 죄인들은 부활에 참여하지 못할 것이다(3:9-12; 14:9).

〈솔로몬의 시편〉에 나타난 죽음 후의 삶은 육체적 부활에 집중되어 있다(2:31; 3:12). 그러나 영혼 불멸 사상의 흔적을 남기고 있지는 않다. 다만 의인의 생명은 영원할 것이며(13:11), 이 영원한 생명의 복은 자비의 날, 하느님의 왕국에서 있을 것이다(14:9).

요컨대, 〈솔로몬의 시편〉에서의 종말론은 의인들의 성결을 요구하는 데 초점이 있으며, 종말의 날에 있어서 의인의 육체적 부활과 영생의 복 및 죄인들의 파멸을 주장하고 있다.

8) 메시아사상

〈솔로몬의 시편〉은 그리스도교 직전 세대의 메시아사상을 담고 있다는 점에서 매우 중요하다. 구약성서 안에서 공통으로 '메시아'라는 명칭은 합법적으로 선택된 제사장이나 왕을 언급하였지만, 〈솔로몬의 시편〉에서는 다가올 하느님의 대리자로서 왕의 통치의 특징을 묘사하고 있다.

〈솔로몬의 시편〉에 나타난 메시아는 다윗 가문의 왕적인 모습이며, 그는 전쟁에 의하지 않고 통치하고(17:33), 하느님의 왕권을 나타내기 위해 이방인들을 복속시키며, 모든 죄인들을 추방하고, 의와 정의와 거룩한 지혜를 나타낸다(17:23-25). 또한 그는 거룩한 나라들을 함께 모을 것이며, 이스라엘의 흩어진 자들을 고향으로 다시 돌아오게 할 것이고(8:28; 17:31), 땅은 지파에 따라 분배할 것이며(17:28), 예루살렘과 성전을 다시 거룩하게 할 것이다(17:30). 모든 이방나라들은 이스라엘 왕의 속국이 될 것이고, 예루살렘과 하느님은 세상에서 영화롭게 될 것이다.

메시아의 힘은 전적으로 영적인 것이다(17:33). 비록 그가 죄로부터 자유로울지라도 그는 초인이 아니다(17:36). 그는 철저히 성령과 함께 하며(17:37), 자신의 능력으로 백성들을 정결케 하고, 거룩한 지혜를 나누어 주는 메시아적 왕의 모습이다.

요컨대, <솔로몬의 시편>에서의 메시아는 하느님의 대리자로서 전쟁에 의하지 않고 통치하며, 의와 정의와 거룩한 지혜가 드러나도록 하여, 예루살렘과 하느님을 세상에서 영화롭게 하는 메시아적 왕의 모습으로 나타난다.

제 2 장 솔로몬의 시편 대역

제 2 장 솔로몬의 시편 대역

1

ΨΑΛΜΟΙ ΣΟΛΟΜΩΝΤΟΣ[66]

1 Ἐβόησα πρὸς κύριον ἐν τῷ θλίβεσθαί με εἰς τέλος,
  πρὸς τὸν θεὸν ἐν τῷ ἐπιθέσθαι ἁμαρτωλούς·
2 ἐξάπινα ἠκούσθη κραυγὴ πολέμου ἐνώπιόν μου·
  εἶπα Ἐπακούσεταί μου, ὅτι ἐπλήσθην δικαιοσύνης.
3 ἐλογισάμην ἐν καρδίᾳ μου ὅτι ἐπλήσθην δικαιοσύνης
  ἐν τῷ εὐθηνῆσαί με καὶ πολλὴν γενέσθαι ἐν τέκνοις.

---

66) '솔로몬의 시편'의 그리스어 원문은 다음을 참고하였다. Alfred Rahlfs
  ed., *Septuaginta* (Germany: Deutsche Bibelgesellschaft Stuttgart, 1979),
  471-489.

시편 1

예루살렘에 관한 솔로몬의 시

시편 1편은 의인화한 예루살렘 '나'가 폼페이우스 장군이 이끄는 로마군의 공격을 받아 함락될 위기를 당하자 몹시 괴로워하며, 자신은 의로우니 구해 주십사고 하느님께 간구하는 시편이다(1절). 그러나 예루살렘 지도자들은 교만하여 죄를 저지르고 예루살렘 성전을 더럽혔기 때문에 마침내 폼페이우스의 공격을 받게 된다(2-8절).

> 1 나는[67] 심히 괴로움을 당하여 주님께 부르짖었고[68],
> 죄인들이 나를 덮치기에 하느님께 부르짖었습니다.
> 2 갑자기 나는 진두의 힘성을 들었습니다.[69]
> (나는 부르짖었습니다)."나는 의로움으로 가득 차 있으니 주께서 나의 말을 들으시리라."
> 3 내가 의로움을 가득히 지녔다고 마음속으로 생각한 까닭은 내가 번영했고 아이들을 많이 낳았기 때문입니다.[70]

---

67) 예루살렘을 의인화한 표현이다.

68) 참조 5:5; 15:1 이러한 표현은 종종 구약 시편에서도 발견할 수 있다. 참조 구약 시편 18:7

69) 참조 8:1

70) 신명 7:12-14절에 따르면 하느님은 당신께 순종하는 자들에게 대가족을 이룰 수 있는 복을 주었다.

4 ὁ πλοῦτος αὐτῶν διεδόθη εἰς πᾶσαν τὴν γῆν
  καὶ ἡ δόξα αὐτῶν ἕως ἐσχάτου τῆς γῆς.
5 ὑψώθησαν ἕως τῶν ἄστρων,
  εἶπαν Οὐ μὴ πέσωσιν·
6 καὶ ἐξύβρισαν ἐν τοῖς ἀγαθοῖς αὐτῶν
  καὶ οὐκ ἤνεγκαν.
7 αἱ ἁμαρτίαι αὐτῶν ἐν ἀποκρύφοις,
  καὶ ἐγὼ οὐκ ᾔδειν·
8 αἱ ἀνομίαι αὐτῶν ὑπὲρ τὰ πρὸ αὐτῶν ἔθνη,
  ἐβεβήλωσαν τὰ ἅγια κυρίου ἐν βεβηλώσει.

4 자식들의 부는 온 땅에 미쳤고
  그들의 영광은 땅끝까지 미쳤습니다.
5 그들은 별들에까지 높아졌고[71] 자기들은
  결코 떨어지지 않을 것이라고 말했습니다.
6 그들은 자기네 재물들을 두고 우쭐대기만 하고
  (그것들을 하느님께) 바치지 않았습니다.
7 그들의 죄[72]들은 숨겨져서
  심지어 나까지도 알지 못했습니다.
8 그들의 불법은 그들 앞에 있는 이방인들보다 더했고
  그들은 더러운 짓으로 주님의 성전을 더럽혔습니다.[73]

---

71) 참조 이사 14:13; 예레 51:9; 다니 8:10
72) 여기에 죄는 성적인 죄를 뜻한다. 참조, 4:5; 8:9
73) 하느님의 구원을 간구한 사실(1-2절)을 볼 때 구원을 갈구하는 결론이
   분실된 것 같다. 참조 2:3; 8:12; 레위 19:8

2

Ψαλμὸς τῷ Σαλωμων· περὶ Ιερουσαλημ.

1 Ἐν τῷ ὑπερηφανεύεσθαι τὸν ἁμαρτωλὸν ἐν κριῷ κατέβαλε
τείχη ὀχυρά, καὶ οὐκ ἐκώλυσας.
2 ἀνέβησαν ἐπὶ τὸ Θυσιαστήριόν σου ἔθνη ἀλλότρια,
κατεπατοῦσαν ἐν ὑποδήμασιν αὐτῶν ἐν ὑπερηφανίᾳ,

시편 2

예루살렘에 관한 솔로몬의 시

시편 2; 8; 17편은 기원전 63년 폼페이우스가 예루살렘을 점령한 사실을 기술한다. 시편 2편 서두에서는 폼페이우스의 공격 방법을 구체적으로 설명하고 있다(1-2절). 이에 따라 하스모니아 왕가와 그 추종자들은 심한 모욕을 당하며 하느님의 심판을 받는다(3-14절). 이 심판은 하느님의 의로운 심판이다(15-18절). 결국 예루살렘의 영광은 짓밟혀 능멸을 받게 된다(19-21절). 필자는 개인적 애가의 노래 형태로 폼페이우스의 침입을 막아주십사고 기도한다(22-31절). 마지막 부분에서는 하느님께서 심판 때에 의인과 죄인을 구별하시어, 의인은 불쌍히 여기고 죄인은 그 죄대로 깊으리라는 인과응보 사상이 나타난다(32-37절).

1 죄인은[74] 교만하여 투석기[75]로 견고한 성벽을 무너뜨렸지만 당신께서는 막지 않으십니다.[76]
2 교만하게도 이방인들이 당신의 제단 위에 올라가서 저들의 신발로 짓밟았습니다.[77]

---

74) 죄인은 폼페이우스를 가리킨다.
75) 돌이나 창 등을 던지는 데 사용된 군사 도구이다.
76) 참조 4 에즈 3:8, 29
77) 참조 이사 63:18; 구약 시편 79:1

3 ἀνθ᾽ ὧν οἱ υἱοὶ Ιερουσαλημ ἐμίαναν τὰ ἅγια κυρίου,
  ἐβεβηλοῦσαν τὰ δῶρα τοῦ θεοῦ ἐν ἀνομίαις.
4 ἕνεκεν τούτων εἶπεν Ἀπορρίψατε αὐτὰ μακρὰν ἀπ᾽ ἐμοῦ,
  οὐκ εὐδοκῶ ἐν αὐτοῖς.
5 τὸ κάλλος τῆς δόξης αὐτῆς ἐξουθενώθη ἐνώπιον τοῦ
  θεοῦ, ἠτιμώθη ἕως εἰς τέλος.
6 οἱ υἱοὶ καὶ αἱ θυγατέρες ἐν αἰχμαλωσίᾳ πονηρᾷ,
  ἐν σφραγῖδι ὁ τράχηλος αὐτῶν, ἐν ἐπισήμῳ ἐν τοῖς
  ἔθνεσιν.
7 Κατὰ τὰς ἁμαρτίας αὐτῶν ἐποίησεν αὐτοῖς,
  ὅτι ἐγκατέλιπεν αὐτοὺς εἰς χεῖρας κατισχυόντων.
8 ἀπέστρεψεν γὰρ τὸ πρόσωπον αὐτοῦ ἀπὸ ἐλέους αὐτῶν,
  νέον καὶ πρεσβύτην καὶ τέκνα αὐτῶν εἰς ἅπαξ,
  ὅτι πονηρὰ ἐποίησαν εἰς ἅπαξ τοῦ μὴ ἀκούειν.
9 καὶ ὁ οὐρανὸς ἐβαρυθύμησεν, καὶ ἡ γῆ ἐβδελύξατο αὐτούς,
  ὅτι οὐκ ἐποίησε πᾶς ἄνθρωπος ἐπ᾽ αὐτῆς ὅσα ἐποίησαν.
10 καὶ γνώσεται ἡ γῆ τὰ κρίματά σου πάντα τὰ δίκαια,
  ὁ θεός.
11 Ἔστησαν τοὺς υἱοὺς Ιερουσαλημ εἰς ἐμπαιγμὸν ἀντὶ πορν
  ῶν ἐν αὐτῇ· πᾶς ὁ παραπορευόμενος εἰσεπορεύετο κατένα
  ντι τοῦ ἡλίου.

3 예루살렘의 아들들이78) 주님의 성전을 더럽히고79)
  하느님의 제물들을 불법80)으로 모독한 까닭입니다.
4 이런 일들 때문에 그분은 말씀하셨습니다 "너희들이
  내게서(제물들을) 멀리 던져버려라. 나는 그것들을 기
  뻐하지 않는다."
5 성전의 영광스러운 아름다움81)은 하느님 앞에서 멸시
  받고 심히 모욕받았습니다.
6 아들들과 딸들은 고약하게 갇혔고, 그들의 목에는 인
  이 찍혔으며82), 이방인들의 구경거리가 되었습니다.
7 그분은 그들의 죄대로 대하셨으니,
  그들을 강한 자들의 손에 넘겨주셨습니다.
8 그분은 그들을 불쌍히 여기지 않으시고 당신의 얼굴
  을 돌리셨습니다. 젊은 것, 늙은 것, 그것들의 자식들
  을 모조리(불쌍히 여기지 않으셨습니다).
  "내 말을 듣지 않고 악행을 저질렀도다."
9 하늘은 침울해졌고 땅도 그들을 멸시했습니다.
  어느 누구도 그들이 행한 짓만은 행하지 않았기
  때문입니다.
10 하느님, 땅이 당신의 의로운 모든 심판을 알 것입니다.
11 예루살렘의 창녀들 때문에 (이방인들이) 예루살렘의
  아들들을 비웃었으니, 지나가는 사람들 모두가 대낮에
  안으로 들어갔기 때문입니다.83)

---

78) 여기서 '예루살렘의 아들들'은 성전에서 시중들던 사두가이들이다.
79) 참조 1:8
80) 참조 에제 43:8
81) 직역하면 '그분의 영광의 아름다움'이다.
82) 당시에는 주인이 노예에게 소인을 찍었는데 주로 이마나 손에 찍었고
   (3 마카 2:29), 가끔은 여기서처럼 목에도 찍었다.
83) 이러한 표현은 음행하는 장면을 묘사하는 것이다. 참조 에제 23:44; 민수
   25:4

12 ἐνέπαιζον ταῖς ἀνομίαις αὐτῶν καθὰ ἐποίουν αὐτοί,
   ἀπέναντι τοῦ ἡλίου παρεδειγμάτισαν ἀδικίας αὐτῶν.
13 καὶ θυγατέρες Ιερουσαλημ βέβηλοι κατὰ τὸ κρίμα σου,
   ἀνθ’ ὧν αὐταὶ ἐμιαίωσαν αὐτὰς ἐν φυρμῷ ἀναμείξεως.
14 τὴν κοιλίαν μου καὶ τὰ σπλάγχνα μου πονῶ ἐπὶ τούτοις.
15 Ἐγὼ δικαιώσω σε, ὁ θεός, ἐν εὐθύτητι καρδίας,
   ὅτι ἐν τοῖς κρίμασίν σου ἡ δικαιοσύνη σου, ὁ θεός.
16 ὅτι ἀπέδωκας τοῖς ἁμαρτωλοῖς κατὰ τὰ ἔργα αὐτῶν
   καὶ κατὰ τὰς ἁμαρτίας αὐτῶν τὰς πονηρὰς σφόδρα.
17 ἀνεκάλυψας τὰς ἁμαρτίας αὐτῶν, ἵνα φανῇ τὸ κρίμα σου,
   ἐξήλειψας τὸ μνημόσυνον αὐτῶν ἀπὸ τῆς γῆς.
18 ὁ θεὸς κριτὴς δίκαιος καὶ οὐ θαυμάσει πρόσωπον.
19 Ὠνείδισαν γὰρ ἔθνη Ιερουσαλημ ἐν καταπατήσει,
   κατεσπάσθη τὸ κάλλος αὐτῆς ἀπὸ θρόνου δόξης.
20 περιεζώσατο σάκκον ἀντὶ ἐνδύματος εὐπρεπείας,
   σχοινίον περὶ τὴν κεφαλὴν αὐτῆς ἀντὶ στεφάνου.
21 περιείλατο μίτραν δόξης, ἣν περιέθηκεν αὐτῇ ὁ θεός·
   ἐν ἀτιμίᾳ τὸ κάλλος αὐτῆς, ἀπερρίφη ἐπὶ τὴν γῆν.

12 이방인들은 자기들이 행한 대로 불법을 저지른 유대인들을
　　비웃었고 백일하에 유대인들의 불의를 드러내었습니다.84)
13 예루살렘의 딸들이 당신의 심판에 비추어 부정하니,
　　그들은 난잡한 교접으로 자신들을 더럽혔기 때문입니다.85)
14 나의 복부와 나의 내장이 이러한 일들로 근심합니다.86)
15 하느님, 나는 정직한 마음으로 당신을 의롭다고 할 것
　　입니다. 왜냐하면 당신의 심판은 의로우시기 때문입니다.
16 주님께서 죄인들을 그들의 행위대로 그들의 극악한 죄대
　　로 갚으셨기 때문입니다.
17 주님께서 당신의 심판을 드러내시고자 그들의 죄들을
　　밝히시고, 땅에서 그들에 대한 기억을 지워버리셨습니다.
18 하느님은 의로운 재판관이시므로, 외모를 고려하시지 않을
　　것입니다.
19 그러므로 이방인들이 예루살렘을 짓밟아 능멸했으며,
　　예루살렘의 아름다움을 영광의 보좌로부터 끌어내렸습니다.
20 예루살렘은 아름나운 의복 대신에 베옷을 입고
　　제 머리 위에는 왕관 대신에 새끼줄을 둘렀습니다.
21 예루살렘은 하느님께서 제게 씌우신 영광스러운 관을
　　벗었으며87), 예루살렘의 아름다움은 수치스럽게 땅에
　　떨어졌습니다.

---

84) 이방인들은 유대인들을 경멸하기 위하여 불의를 끄집어냈다.
85) 여기서는 근친상간을 의미한다. 참조 레위 20:10
86) 이 표현은 구약성서에서 위급함을 묘사하는 전형적인 표현이다. 참조 예
　　레 4:19
87) 참조 이사 61:10; 62:2; 바룩 5:1

22 Καὶ ἐγὼ εἶδον καὶ ἐδεήθην τοῦ προσώπου κυρίου καὶ
εἶπον Ἱκάνωσον, κύριε, τοῦ βαρύνεσθαι χεῖρά σου ἐπὶ Ιερ
ουσαλημ ἐν ἐπαγωγῇ ἐθνῶν·
23 ὅτι ἐνέπαιξαν καὶ οὐκ ἐφείσαντο ἐν ὀργῇ καὶ θυμῷ μετὰ
μηνίσεως· καὶ συντελεσθήσονται, ἐὰν μὴ σύ, κύριε, ἐπιτι
μήσῃς αὐτοῖς ἐν ὀργῇ σου.
24 ὅτι οὐκ ἐν ζήλει ἐποίησαν, ἀλλ' ἐν ἐπιθυμίᾳ ψυχῆς
ἐκχέαι τὴν ὀργὴν αὐτῶν εἰς ἡμᾶς ἐν ἁρπάγματι.
25 μὴ χρονίσῃς, ὁ θεός, τοῦ ἀποδοῦναι αὐτοῖς εἰς κεφαλάς,
τοῦ εἰπεῖν τὴν ὑπερηφανίαν τοῦ δράκοντος ἐν ἀτιμίᾳ.
26 Καὶ οὐκ ἐχρόνισα ἕως ἔδειξέν μοι ὁ θεὸς τὴν ὕβριν αὐτ
οῦ, ἐκκεκεντημένον ἐπὶ τῶν ὀρέων Αἰγύπτου
ὑπὲρ ἐλάχιστον ἐξουδενωμένον ἐπὶ γῆς καὶ θαλάσσης·
27 τὸ σῶμα αὐτοῦ διαφερόμενον ἐπὶ κυμάτων ἐν ὕβρει πολλ
ῇ, καὶ οὐκ ἦν ὁ θάπτων, ὅτι ἐξουθένωσεν αὐτὸν ἐν ἀτιμίᾳ.
28 Οὐκ ἐλογίσατο ὅτι ἄνθρωπός ἐστιν,
καὶ τὸ ὕστερον οὐκ ἐλογίσατο.

22 나는 주님의 면전에서 간청하며 말씀드렸습니다.
"주님, 이방인들을 끌어들임으로써
당신 손으로 예루살렘을 충분히 누르셨습니다."

23 그들은 예루살렘을 조롱했고 사악한 분노와 분통을
억제하지 못하기 때문입니다.
주님, 만일 당신이 진노로 그들(이방인들)을 제어하지
않으신다면, 그들(유대인들)은 멸망당하게 될 것입니다.

24 이는 열성으로 한 것이 아니라 감정에 이끌려한 것이기에,
그들은 약탈하며 우리에게 자기네 분노를 퍼부었습니다.[88]

25 하느님, 지체치 마시고 그들 머리에 앙갚음하시고 용[89]의
교만은 불경스럽다고 말씀하십시오.

26 이집트 산 위에서[90] 그의 오만함이 찔리는 것을 하느님이
내게 보여주실 때까지 그가 땅과 바다의 가장 작은 것보다
멸시를 받을 때까지, 나는 오래 기다릴 필요가 없었습니다.

27 그의 시신은 매우 수치스럽게도 풍랑에 떠다니고 그를 매장
할 사람이 없었습니다.[91] 주님께서 그를 경멸하고 멸시하셨
기 때문입니다.

28 주님께서는 그를 인간이라고 여기지 않으셨고, 끝까지
그렇게 여기지 않으셨습니다.

---

88) 참조 이사 10:5
89) 여기서 용은 폼페이우스를 가리킨다.
90) 이는 폼페이우스가 나일강 델타지대 동부 지중해 연안에 위치한 펠루시
움 도시 근처 카시오스 산 위에서 기원전 48년에 살해되었다는 로마 역사
가의 기록과 일치한다(디오 카시우스, <<로마사>> 42:1-5).
91) 이 묘사는 폼페이우스의 죽음 장면을 묘사하는 내용이다. 그는 목이 잘리
고 몸은 분해돼 매장되지도 못했다. 이 시행은 에제 29장과 32장에 의존
되어 있는 것처럼 보인다. 참조 구약성서에서 죽음에 대한 가장 치욕적인
모욕은 매장되지 못하는 것이었다(구약 시편 79:3; 예레 22:19).

29 εἶπεν Ἐγὼ κύριος γῆς καὶ θαλάσσης ἔσομαι·
   καὶ οὐκ ἐπέγνω ὅτι ὁ Θεὸς μέγας,
   κραταιὸς ἐν ἰσχύι αὐτοῦ τῇ μεγάλῃ.
30 αὐτὸς βασιλεὺς ἐπὶ τῶν οὐρανῶν
   καὶ κρίνων βασιλεῖς καὶ ἀρχάς·
31 ὁ ἀνιστῶν ἐμὲ εἰς δόξαν
   καὶ κοιμίζων ὑπερηφάνους εἰς ἀπώλειαν αἰῶνος ἐν ἀτιμίᾳ,
   ὅτι οὐκ ἔγνωσαν αὐτόν.
32 Καὶ νῦν ἴδετε, οἱ μεγιστᾶνες τῆς γῆς, τὸ κρίμα τοῦ κυρίο
   υ, ὅτι μέγας βασιλεὺς καὶ δίκαιος κρίνων τὴν ὑπ᾽ οὐρανόν.
33 εὐλογεῖτε τὸν Θεόν, οἱ φοβούμενοι τὸν κύριον ἐν ἐπιστή
   μῃ, ὅτι τὸ ἔλεος κυρίου ἐπὶ τοὺς φοβουμένους αὐτὸν
   μετὰ κρίματος
34 τοῦ διαστεῖλαι ἀνὰ μέσον δικαίου καὶ ἁμαρτωλοῦ
   ἀποδοῦναι ἁμαρτωλοῖς εἰς τὸν αἰῶνα κατὰ τὰ ἔργα αὐτῶν
35 καὶ ἐλεῆσαι δίκαιον ἀπὸ ταπεινώσεως ἁμαρτωλοῦ
   καὶ ἀποδοῦναι ἁμαρτωλῷ ἀνθ᾽ ὧν ἐποίησεν δικαίῳ.
36 ὅτι χρηστὸς ὁ κύριος τοῖς ἐπικαλουμένοις αὐτὸν ἐν ὑπομ
   ονῇ ποιῆσαι κατὰ τὸ ἔλεος αὐτοῦ τοῖς ὁσίοις αὐτοῦ
   παρεστάναι διὰ παντὸς ἐνώπιον αὐτοῦ ἐν ἰσχύι.
37 εὐλογητὸς κύριος εἰς τὸν αἰῶνα ἐνώπιον δούλων αὐτοῦ.

29 그는 이르기를 "나는 땅과 바다의 주가 될 것이다." 라
고 말했습니다. 그러나 하느님께서는 큰 힘을 지녀 위
대하시고 능하시다는 것을 그는 알지 못했습니다.

30 주님은 하늘 위에 왕이시고, 왕들과 통치자들을 심판
하십니다.

31 주님께서는 나를 영광에 이르도록 일으키시지만[92]
교만한 자들은 주님을 알지 못했기 때문에
수치스럽게 영원한 멸망 가운데 잠들게 하십니다.

32 이제 세상의 고관들이여![93] 주님의 심판을 보시오.
주님께서는 하늘 아래 있는 것들을 심판하시는 위대하
고 의로우신 왕이십니다.

33 주님을 두려워할 줄 아는 자들은[94] 하느님을 찬양하
시오. 주님을 두려워하는 자들에게는 심판 때에 주님
의 자비가 미칠 것입니다.

34 주님께서 의인과 죄인을 각각 구별하시고 그들의 행위
에 따라 영원히 죄인들에게 앙갚음 하실 것입니다.

35 주님께서는 죄인에게 짓눌리는 의인을 불쌍히 여기시
고, 죄인이 의인에게 행한대로 앙갚음하실 것입니다.

36 주님께서는 당신을 끈질기게 부르는 자들에게 인자하
시며, 당신의 성도들에게 당신 자비대로 대하시고,
능력을 드러내시어 언제나 당신 앞에 있도록 하십니다.

37 주님께서는 당신 종들 앞에서 영원히 찬양을 받으소
서.

---

92) 이 용어는 구약성서에서 부활 믿음을 서술할 때 사용되었다. 참조 1 사무
2:7; 구약 시편 113:7

93) 여기서는 로마나 유대 지도자들을 가리키는 것이 아니라 오히려 일반적
으로 세상의 고관들을 뜻하는 것이다. 참조 구약 시편 2:10

94) 직역하면 "인식 안에서 주님을 두려워하는 자들은"이다.

3

Ψαλμὸς τῷ Σαλωμων· περὶ δικαίων.

1 Ἵνα τί ὑπνοῖς, ψυχή, καὶ οὐκ εὐλογεῖς τὸν κύριον;
  ὕμνον καινὸν ψάλατε τῷ Θεῷ τῷ αἰνετῷ.
2 ψάλλε καὶ γρηγόρησον ἐπὶ τὴν γρηγόρησιν αὐτοῦ,
  ὅτι ἀγαθὸς ψαλμὸς τῷ Θεῷ ἐξ ἀγαθῆς καρδίας.
3 δίκαιοι μνημονεύουσιν διὰ παντὸς τοῦ κυρίου,
  ἐν ἐξομολογήσει καὶ δικαιώσει τὰ κρίματα κυρίου.

시편 3

의인들에 대한 솔로몬의 시

시편 3편은 의인들에게 깨어서 하느님을 찬양하기를 촉구한다 (1-2절). 이 시편에 나오는 의인들은 마음으로 하느님을 찬양하고, 주님의 훈계를 명심하며, 늘 주님으로 인해 기뻐하는 바리사이들 이다(3-4절). 의인들은 비록 실패해도 하느님의 구원을 기대하며, 끊임없이 불의를 제거하기 위해 자신을 살펴본다(5-8절). 그러나 죄인들은 애곡하며 인생을 저주한다. 결국 그들은 멸망할 것이며, 하느님은 그들을 기억하지 않을 것이다(9-11절). 특히, 시편 3편은 의인들과 죄인들의 운명을 비교하면서 죄인은 멸망할 것이지만 의인은 영원한 생명의 구원을 얻을 것이라고 말한다(12절).

1 내 영혼아, 왜 주님을 찬양하지 않고 잠만 자는가?
  찬양받기에 합당하신 하느님께 새 노래로 찬양하라.
2 하느님이 깨어계시니 너도 깨어 찬양하라.
  하느님께 드리는 아름다운 시는 아름다운 마음으로
  부터 나오기 때문입니다.
3 의인들은 언제나 주님을 기억하고
  주님의 심판95)은 의롭다고 인정합니다.

---

95) 이 부분은 히브리어를 재현하기 위해 좋지 않은 헬라어 표현이다. 참조
2:10, 15; 4:8; 5:1; 8:7, 23, 34; 9:5; 10:5; 17:10

4 οὐκ ὀλιγωρήσει δίκαιος παιδευόμενος ὑπὸ κυρίου,
  ἡ εὐδοκία αὐτοῦ διὰ παντὸς ἔναντι κυρίου.

5 Προσέκοψεν ὁ δίκαιος καὶ ἐδικαίωσεν τὸν κύριον,
  ἔπεσεν καὶ ἀποβλέπει τί ποιήσει αὐτῷ ὁ Θεός,
  ἀποσκοπεύει ὅθεν ἥξει σωτηρία αὐτοῦ.

6 ἀλήθεια τῶν δικαίων παρὰ Θεοῦ σωτῆρος αὐτῶν,
  οὐκ αὐλίζεται ἐν οἴκῳ δικαίου ἁμαρτία ἐφ’ ἁμαρτίαν·

7 ἐπισκέπτεται διὰ παντὸς τὸν οἶκον αὐτοῦ ὁ δίκαιος
  τοῦ ἐξᾶραι ἀδικίαν ἐν παραπτώματι αὐτοῦ.

8 ἐξιλάσατο περὶ ἀγνοίας ἐν νηστείᾳ καὶ ταπεινώσει ψυχῆς
  αὐτοῦ, καὶ ὁ κύριος καθαρίζει πᾶν ἄνδρα ὅσιον καὶ τὸν οἶ
  κον αὐτοῦ.

9 Προσέκοψεν ἁμαρτωλὸς καὶ καταρᾶται ζωὴν αὐτοῦ,
  τὴν ἡμέραν γενέσεως αὐτοῦ καὶ ὠδῖνας μητρός.

10 προσέθηκεν ἁμαρτίας ἐφ’ ἁμαρτίας τῇ ζωῇ αὐτοῦ·
  ἔπεσεν, ὅτι πονηρὸν τὸ πτῶμα αὐτοῦ, καὶ οὐκ ἀναστήσεται.

11 ἡ ἀπώλεια τοῦ ἁμαρτωλοῦ εἰς τὸν αἰῶνα,
  καὶ οὐ μνησθήσεται, ὅταν ἐπισκέπτηται δικαίους.

12 αὕτη ἡ μερὶς τῶν ἁμαρτωλῶν εἰς τὸν αἰῶνα·
  οἱ δὲ φοβούμενοι τὸν κύριον ἀναστήσονται εἰς ζωὴν αἰών
  ιον, καὶ ἡ ζωὴ αὐτῶν ἐν φωτὶ κυρίου καὶ οὐκ ἐκλείψει ἔτι.

4 의인은 주님에게서 받은 훈계를 경시하지 않으며,
그는 항상 주님 앞에서 기뻐합니다.
5 의인은 주님은 의로우시다고 하며,
넘어져도 하느님이 자기에게 어떻게 행할 것인지 주시
합니다. 의인은 자기의 구원이 어디서 오는지 주목합
니다.
6 의인들의 진실은 그들의 구원자 하느님으로부터 오며,
죄는 거듭해서 의인의 집에 자리 잡지 못합니다.
7 의인은 자기 집을 끊임없이 살펴봅니다.
자신이 범죄하여 생긴 불의를 치우려는 것입니다.
8 의인은 금식하고 자신의 영혼을 낮춤으로써 모르고 범
한 (죄를) 속죄합니다. 그러면 주님은 모든 경건한 사
람과 그의 집을 정결케 할 것입니다.
9 죄인은 비틀거리며 자기의 생명과 생일과
어미의 산고를 저주합니다.
10 그는 지기의 인생에 거듭죄를 쌓았으니 넘어져서 일어
나지 못할 것입니다. 넘어진 그의 몸이 상한 까닭입니
다.
11 죄인은 영원히 멸망하여, 하느님이 의인들을
굽어다 보실 때 그는 기억되지 않을 것입니다.96)
12 이것이 죄인들의 영원한 몫입니다. 그러나 주님을 경
외하는 자들은 영원한 생명의 구원을 얻을 것이고, 그
들의 생명은 결코 소멸하지 않을 것입니다.97)

96) 참조 2:31; 14:9; 15:10, 12
97) 참조 13:11; 14:10

4

Διαλογὴ τοῦ Σαλωμων· τοῖς ἀνθρωπαρέσκοις.

1 Ἵνα τί σύ, βέβηλε, κάθησαι ἐν συνεδρίῳ ὁσίων
  καὶ ἡ καρδία σου μακρὰν ἀφέστηκεν ἀπὸ τοῦ κυρίου
  ἐν παρανομίαις παροργίζων τὸν Θεὸν Ισραηλ;
2 περισσὸς ἐν λόγοις, περισσὸς ἐν σημειώσει ὑπὲρ πάντας,
  ὁ σκληρὸς ἐν λόγοις κατακρῖναι ἁμαρτωλοὺς ἐν κρίσει·

시편 4

아첨하는 자들에 대한 솔로몬의 대화

시편 4편은 아첨하는 자들의 죄를 단죄한다. 아첨꾼들은 로마에 빌붙어 사는 이스라엘 정치·종교 지도자들이다. 구체적으로 헤로데 대왕의 아버지인 안티파테르 일당과 사두가이들이다. 의인들, 곧 바리사이들은 저들과 자신들이 구별되기를 바라면서 저들이 수치를 당하고, 저주받기를 간구한다(1-14절). 또한 그들의 육체가 파괴되고, 실패와 창피를 겪으며, 마침내는 올무에 걸려 쫓겨나기를 간청한다(15-24절).

    1 가증한 자여!98) 너는 무엇 때문에 경건한 자들의 의회에99) 앉았느냐? 너의 마음은 주님으로부터 멀어져 있으며, 법을 어겨 이스라엘의 하느님을 노엽게 하고 있구나.
    2 말씀과 거동이 어느 누구보다 뛰어나신 분, 말씀이 지엄하신 분이 심판 때에 죄인들을100) 단죄하실 것입니다.

---

98) 여기서 가증한 자는 안티파테르 일당과 사두가이들을 가리킨다.
99) 경건한 자들의 의회는 예루살렘 최고 회의를 가리킨다.
100) 여기서 죄인들은 아리스토불루스 2세를 후원하는 사두가이들이다. 이 시편에서 사두가이들은 죄인들로 언급되고 있다. 참조 3:11

3 καὶ ἡ χεὶρ αὐτοῦ ἐν πρώτοις ἐπ' αὐτὸν ὡς ἐν ζήλει,
   καὶ αὐτὸς ἔνοχος ἐν ποικιλίᾳ ἁμαρτιῶν καὶ ἐν ἀκρασίαις.
4 οἱ ὀφθαλμοὶ αὐτοῦ ἐπὶ πᾶσαν γυναῖκα ἄνευ διαστολῆς,
   ἡ γλῶσσα αὐτοῦ ψευδὴς ἐν συναλλάγματι μεθ' ὅρκου.
5 ἐν νυκτὶ καὶ ἐν ἀποκρύφοις ἁμαρτάνει ὡς οὐχ ὁρώμενος,
   ἐν ὀφθαλμοῖς αὐτοῦ λαλεῖ πάσῃ γυναικὶ ἐν συνταγῇ κακία
   ς· ταχὺς εἰσόδῳ εἰς πᾶσαν οἰκίαν ἐν ἱλαρότητι ὡς ἄκακος.
6 Ἐξάραι ὁ θεὸς τοὺς ἐν ὑποκρίσει ζῶντας μετὰ ὁσίων,
   ἐν φθορᾷ σαρκὸς αὐτοῦ καὶ πενίᾳ τὴν ζωὴν αὐτοῦ·
7 ἀνακαλύψαι ὁ θεὸς τὰ ἔργα ἀνθρώπων ἀνθρωπαρέσκων,
   ἐν καταγέλωτι καὶ μυκτηρισμῷ τὰ ἔργα αὐτοῦ.
8 καὶ δικαιώσαισαν ὅσιοι τὸ κρίμα τοῦ θεοῦ αὐτῶν
   ἐν τῷ ἐξαίρεσθαι ἁμαρτωλοὺς ἀπὸ προσώπου δικαίου,
   ἀνθρωπάρεσκον λαλοῦντα νόμον μετὰ δόλου.
9 καὶ οἱ ὀφθαλμοὶ αὐτῶν ἐπ' οἶκον ἀνδρὸς ἐν εὐσταθείᾳ
   ὡς ὄφις διαλῦσαι σοφίαν ἀλλήλων ἐν λόγοις παρανόμων.
10 οἱ λόγοι αὐτοῦ παραλογισμοὶ εἰς πρᾶξιν ἐπιθυμίας ἀδίκο
   υ, οὐκ ἀπέστη, ἕως ἐνίκησεν σκορπίσαι ὡς ἐν ὀρφανίᾳ·
11 καὶ ἠρήμωσεν οἶκον ἕνεκεν ἐπιθυμίας παρανόμου,
   παρελογίσατο ἐν λόγοις, ὅτι οὐκ ἔστιν ὁρῶν καὶ κρίνων·

3 죄인은 무수한 죄와 무절제를 범하는 까닭에 그분은
   격정에 사무쳐 손으로 우선 죄인을 누르십니다.
4 그의 눈은 삼가지 않고 모든 여자들을 훑어보며 그의
   혀는 맹세하며 계약을 맺지만 실은 거짓을 말합니다.
5 그는 밤에 숨어서 아무도 보지 않는 양 죄를 범합니다.101)
   그는 눈으로 온갖 여자에게 사악한 수작을 겁니다.
   무죄한 것처럼 즐거워하면서 온갖 집으로 재빨리 들어갑
   니다.
6 하느님! 경건한 자들에게서 위선을 일삼는 자들을 치워주
   십시오. 위선자들의 육체를 썩게 하시고, 그들의 생명을
   궁핍게 하십시오.
7 하느님! 아첨하는 자들의 행위를 드러내시어
   그들의 행위가 조소와 멸시를 (받게 하십시오).
8 죄인들이 의인의 얼굴 앞에서 쫓겨날 때, 경건한 자들은
   하느님의 심판이 옳다고 말할 것입니다. 아첨하는 자는
   법을 내세우지만 시기를 쳤기 때문입니다.
9 그들의 눈은 평화로운 사람의 집을 주목합니다. 마치 뱀이
   범법하는 말로 사람들의 지혜를 파괴하는 것과 같습니
   다.102)
10 그의 말은 불의한 욕망을 성취하려는 듯 거짓되며, 사람들
   을 고아들처럼 흩어지게 하는 데 성공할 때까지 멈추지
   않습니다.
11 그는 사악한 욕망으로 집을 파괴했고, 지켜보거나 심판하
   는 자가 없는 것처럼 말로써 기만했습니다.

---

101) 참조 1:7; 8:9
102) 창세 3장에 나타난 뱀의 모습을 암시한다.

12 ἐπλήσθη ἐν παρανομίᾳ ἐν ταύτῃ,
 καὶ οἱ ὀφθαλμοὶ αὐτοῦ ἐπ᾽ οἶκον ἕτερον
 ὀλεθρεῦσαι ἐν λόγοις ἀναπτερώσεως.
13 οὐκ ἐμπίπλαται ἡ ψυχὴ αὐτοῦ ὡς ᾅδης ἐν πᾶσι τούτοις.
14 Γένοιτο, κύριε, ἡ μερὶς αὐτοῦ ἐν ἀτιμίᾳ ἐνώπιόν σου,
 ἡ ἔξοδος αὐτοῦ ἐν στεναγμοῖς καὶ ἡ εἴσοδος αὐτοῦ ἐν ἀρᾷ·
15 ἐν ὀδύναις καὶ πενίᾳ καὶ ἀπορίᾳ ἡ ζωὴ αὐτοῦ, κύριε,
 ὁ ὕπνος αὐτοῦ ἐν λύπαις καὶ ἡ ἐξέγερσις αὐτοῦ
 ἐν ἀπορίαις.
16 ἀφαιρεθείη ὕπνος ἀπὸ κροτάφων αὐτοῦ ἐν νυκτί,
 ἀποπέσοι ἀπὸ παντὸς ἔργου χειρῶν αὐτοῦ ἐν ἀτιμίᾳ.
17 κενὸς χερσὶν αὐτοῦ εἰσέλθοι εἰς τὸν οἶκον αὐτοῦ,
 καὶ ἐλλιπὴς ὁ οἶκος αὐτοῦ ἀπὸ παντός,
 οὗ ἐμπλήσει ψυχὴν αὐτοῦ·
18 ἐν μονώσει ἀτεκνίας τὸ γῆρας αὐτοῦ εἰς ἀνάλημψιν.
19 Σκορπισθείησαν σάρκες ἀνθρωπαρέσκων ὑπὸ θηρίων,
 καὶ ὀστᾶ παρανόμων κατέναντι τοῦ ἡλίου ἐν ἀτιμίᾳ.
20 ὀφθαλμοὺς ἐκκόψαισαν κόρακες ὑποκρινομένων,
 ὅτι ἠρήμωσαν οἴκους πολλοὺς ἀνθρώπων ἐν ἀτιμίᾳ
 καὶ ἐσκόρπισαν ἐν ἐπιθυμίᾳ

12 그가 사악한 행동에 만족하게 되면, 그의 눈은 다시 다른
   집을 넘봅니다. 부추기는 말로 그 집도 파괴하려는 것입니다.
13 그러나 이 모든 짓거리에도 그의 영혼은 명부와 같이
   만족을 모릅니다.
14 주님! 그의 인생이 당신 앞에서 수치를 당하게 하시고[103],
   그는 신음하며 나가고 저주를 받으며 들게 하십시오.
15 주님! 그의 인생이 고통과 가난과 근심이 되게 하시며,
   잠은 고통이 되게 하시고, 일어남은 근심이 되게 하십시오.
16 밤에 그의 처소에서 잠을 빼앗으시고, 그의 손으로 이루는
   모든 일이 수치스럽게 실패토록 하십시오.
17 그는 빈손으로 자기 집으로 돌아가며, 집에는 모든 것이
   부족하고, 영혼은 만족하지 않게 하십시오.
18 그는 귀천[104]할 때까지 자식 없이 쓸쓸한 노년을 보내게
   하십시오.
19 아첨하는 자들의 육체는 맹수들에게 찢기고,
   범죄자들의 뼈는 대양 아래서 수치스럽게 (굴러다니도록
   하십시오).
20 까마귀들이 위선자들의 눈을 쪼아 먹게 하십시오.
   왜냐하면 저들이 수치스럽게 백성의 집들을 많이 파괴했고,
   탐욕으로 백성을 흩어버렸기 때문입니다.

---

103) 원문에서는 '인생' 대신에 '몫'을 쓴다. 참조 구약 시편 69:23-29; 109:
   6-15
104) '귀천'은 엘리야가 하늘로 올라갈 때 사용된 낱말이다. 참조 2 열왕 2:11

21 καὶ οὐκ ἐμνήσθησαν Θεοῦ

καὶ οὐκ ἐφοβήθησαν τὸν Θεὸν ἐν ἅπασι τούτοις

καὶ παρώργισαν τὸν Θεὸν καὶ παρώξυναν.

22 ἐξάραι αὐτοὺς ἀπὸ τῆς γῆς,

ὅτι ψυχὰς ἀκάκων παραλογισμῷ ὑπεκρίνοντο.

23 Μακάριοι οἱ φοβούμενοι τὸν κύριον ἐν ἀκακίᾳ αὐτῶν·

ὁ κύριος ῥύσεται αὐτοὺς ἀπὸ ἀνθρώπων δολίων καὶ ἁμαρτ

ωλῶν καὶ ῥύσεται ἡμᾶς ἀπὸ παντὸς σκανδάλου παρανόμου.

24 ἐξάραι ὁ Θεὸς τοὺς ποιοῦντας ἐν ὑπερηφανίᾳ πᾶσαν ἀδικί

αν, ὅτι κριτὴς μέγας καὶ κραταιὸς κύριος ὁ Θεὸς ἡμῶν

ἐν δικαιοσύνῃ.

25 γένοιτο, κύριε, τὸ ἔλεός σου ἐπὶ πάντας τοὺς ἀγαπῶντάς

σε.

21 그들은 하느님을 기억하지도 않았고 두려워하지도 않
   았으며, 하느님을 노엽게 했고 격노케 했습니다.
22 그들을 이 땅에서 내쫓아 주십시오.
   왜냐하면 흠 없는 사람들을105) 거짓말로 속였기 때문
   입니다.
23 복되어라, 순결한 마음으로 주님을 경외하는 자들은!
   주님은 간사한 자들과 죄인들로부터 그들을 구하실 것
   이고, 무법자의 온갖 올무에서 우리를 건지실 것입니다.
24 하느님, 온갖 불의를 행하는 거만한 자들을 내쫓으십
   시오. 우리의 하느님이신 주님은 의로우시고 위대하시
   며 강하신 재판관이시기 때문입니다.106)
25 주님, 당신을 사랑하는 모든 이들에게 자비를 내려
   주십시오.107)

---

105) 여기서 흠 없는 사람들은 바리사이들을 가리킨다.
106) 참조 2:10, 18; 5:1; 9:2, 5; 10:5
107) 참조 6:6; 10:3

5

Ψαλμὸς τῷ Σαλωμων.

1 Κύριε ὁ Θεός, αἰνέσω τῷ ὀνόματί σου ἐν ἀγαλλιάσει,
  ἐν μέσῳ ἐπισταμένων τὰ κρίματά σου τὰ δίκαια·
2 ὅτι σὺ χρηστὸς καὶ ἐλεήμων, ἡ καταφυγὴ τοῦ πτωχοῦ·
  ἐν τῷ κεκραγέναι με πρὸς σὲ μὴ παρασιωπήσῃς ἀπ' ἐμοῦ.
3 οὐ γὰρ λήψεταί τις σκῦλα παρὰ ἀνδρὸς δυνατοῦ·
  καὶ τίς λήψεται ἀπὸ πάντων, ὧν ἐποίησας, ἐὰν μὴ σὺ δῷς;

시편 5

솔로몬의 시

시편 5편은 의인들이 하느님의 의로움을 찬양하며, 괴로움을 당할 때 구원해 주시기를 간구한다(1-7절). 의인들은 더 이상 하느님을 떠나거나 굶주리지 않을 것이다. 왜냐하면 하느님이 보호하시고 먹이시기 때문이다(8-10절). 하느님은 가난하고 궁핍한 자들의 소망이며, 인자와 자비가 넘치시는 분이시다(11-15절). 하느님 앞에서 복된 자들은 의로운 자들이고, 적당히 가진 자로 기억되는 자들이며, 주님을 경외하는 자들이다(14-19절).

1 수 하느님, 당신의 의로운 심판을 아는 자들은[108]
　당신의 이름을 기쁘게 찬양할 것입니다.
2 당신은 선하시고 자비로우시며 가난한 자들의 피난처
　입니다.[109] 내가 당신을 향해 부르짖을 때 나를 무시
　하지 마십시오.
3 아무도 힘센 사람으로부터 노획물을 빼앗지 못합니다.
　그러니 당신이 주시지 않는다면 어느 누가 당신이 이
　룩하신 만물 가운데서 무엇인들 가질 수 있겠습니까?

---

108) 참조 2:10; 3:3; 4:8; 8:34
109) 참조 10:6; 15:1; 18:2

4 ὅτι ἄνθρωπος καὶ ἡ μερὶς αὐτοῦ παρὰ σοῦ ἐν σταθμῷ·
  οὐ προσθήσει τοῦ πλεονάσαι παρὰ τὸ κρίμα σου, ὁ Θεός.
5 Ἐν τῷ θλίβεσθαι ἡμᾶς ἐπικαλεσόμεθά σε εἰς βοήθειαν,
  καὶ σὺ οὐκ ἀποστρέψῃ τὴν δέησιν ἡμῶν,
  ὅτι σὺ ὁ Θεὸς ἡμῶν εἶ.
6 μὴ βαρύνῃς τὴν χεῖρά σου ἐφ' ἡμᾶς,
  ἵνα μὴ δι' ἀνάγκην ἁμάρτωμεν.
7 καὶ ἐὰν μὴ ἐπιστρέψῃς ἡμᾶς, οὐκ ἀφεξόμεθα,
  ἀλλ' ἐπὶ σὲ ἥξομεν.
8 ἐὰν γὰρ πεινάσω, πρὸς σὲ κεκράξομαι, ὁ Θεός,
  καὶ σὺ δώσεις μοι.
9 Τὰ πετεινὰ καὶ τοὺς ἰχθύας σὺ τρέφεις
  ἐν τῷ διδόναι σε ὑετὸν ἐρήμοις εἰς ἀνατολὴν χλόης·
10 ἡτοίμασας χορτάσματα ἐν ἐρήμῳ παντὶ ζῶντι,
  καὶ ἐὰν πεινάσωσιν, πρὸς σὲ ἀροῦσιν πρόσωπον αὐτῶν.
11 τοὺς βασιλεῖς καὶ ἄρχοντας καὶ λαοὺς σὺ τρέφεις, ὁ Θεὸ
  ς, καὶ πτωχοῦ καὶ πένητος ἡ ἐλπὶς τίς ἐστιν εἰ μὴ σύ, κ
  ύριε;

4 하느님, 인생과 그의 운명은 당신의 저울에 달렸습니다.
  아무도 당신의 심판에 따라 정하신 것에 더하지
  못할 것입니다.
5 우리가 괴로움을 당하여 구원받으려고 당신께 부르짖을
  때, 당신은 우리의 기도를 외면하지 않을 것입니다.
  당신은 우리의 하느님이시기 때문입니다.
6 우리를 당신의 손으로 누르지 마십시오.
  짓눌려서 죄를 짓지 않기 위해서입니다.
7 우리를 저버리시지 않는다면 우리는 떠나지 않고110)
  오히려 당신께 돌아오겠습니다.
8 하느님, 내가 굶주리면 당신을 향하여 부르짖을 것입니
  다. 그러면 당신은 나에게 베푸실 것입니다.
9 당신은 광야에 비를 내리시어 풀이 자라게 하시고
  새들과 물고기들도 먹이십니다.
10 당신은 광야의 모든 생물에게 먹이를 주십니다.
  그들이 굶주릴 때면 당신을 향하여 자기들의 얼굴을
  치켜들 것입니다.
11 하느님, 당신은 군왕들과 관원들과 백성들을 먹이십니
  다.111) 주님, 당신이 아니시면 누가 가난하고 궁핍한
  자들의 소망이겠습니까?

---

110) 참조 8:32
111) 군왕들, 관원들을 함께 쓴 경우는 구약 시편 148:11절이 있다.

12 καὶ σὺ ἐπακούσῃ· ὅτι τίς χρηστὸς καὶ ἐπιεικὴς ἀλλ᾽ ἢ σ
    ὺ εὐφρᾶναι ψυχὴν ταπεινοῦ ἐν τῷ ἀνοῖξαι χεῖρά
    σου ἐν ἐλέει;
13 Ἡ χρηστότης ἀνθρώπου ἐν φειδοῖ καὶ ἡ αὔριον, καὶ ἐὰν
    δευτερώσῃ ἄνευ γογγυσμοῦ, καὶ τοῦτο θαυμάσειας.
14 τὸ δὲ δόμα σου πολὺ μετὰ χρηστότητος καὶ πλούσιον,
    καὶ οὗ ἐστιν ἡ ἐλπὶς ἐπὶ σέ, οὐ φείσεται ἐν δόματι.
15 ἐπὶ πᾶσαν τὴν γῆν τὸ ἔλεός σου, κύριε, ἐν χρηστότητι.
16 Μακάριος οὗ μνημονεύει ὁ Θεὸς ἐν συμμετρίᾳ αὐταρκεία
    ς· ἐὰν ὑπερπλεονάσῃ ὁ ἄνθρωπος, ἐξαμαρτάνει.
17 ἱκανὸν τὸ μέτριον ἐν δικαιοσύνῃ, καὶ ἐν τούτῳ
    ἡ εὐλογία κυρίου εἰς πλησμονὴν ἐν δικαιοσύνῃ.
18 εὐφρανθείησαν οἱ φοβούμενοι κύριον ἐν ἀγαθοῖς,
    καὶ ἡ χρηστότης σου ἐπὶ Ισραηλ ἐν τῇ βασιλείᾳ σου.
19 εὐλογημένη ἡ δόξα κυρίου, ὅτι αὐτὸς βασιλεὺς ἡμῶν.

12 당신은 귀를 기울여 들으십시오. 당신이 아니시면 누
   가 선하시고 인자하겠습니까? 어느 누가 당신처럼 궁
   휼히 손을 벌려서 비천한 사람의 마음을 기쁘게 하겠
   습니까?
13 사람은 친절에 인색하고 내일로 미루지만, 불평 없이
   베푼다면 훌륭한 일입니다.
14 당신의 은혜에는 인자함과 풍성함이 넘칩니다.
   당신께 소망이 있는 자는 부족함이 없을 것입니다.
15 주님, 당신의 자애와 자비는 온 땅 위에 내립니다.
16 복되어라, 적당히 가진 자로 하느님께 기억되는 자는!
   사람이 지나치게 부요하면 죄를 짓게 될 것입니다.
17 의로움을 지니고 적당히 소유하는 것이 합당하며,
   주님의 강복은 의로움을 지닌 이에게 넘쳐흐를 것입니
   다.
18 주님을 경외하는 자들은 좋은 것으로 복을 받을 것이며,
   당신의 사애가 낭신의 왕국에서 이스라엘에 내릴 것입
   니다.
19 영광의 주님은 찬양받으소서, 그분은 우리의 임금이신
   까닭입니다.

6

Ἐν ἐλπίδι· τῷ Σαλωμων.

1 Μακάριος ἀνήρ, οὗ ἡ καρδία αὐτοῦ ἑτοίμη ἐπικαλέσασθαι
τὸ ὄνομα κυρίου·
ἐν τῷ μνημονεύειν αὐτὸν τὸ ὄνομα κυρίου σωθήσεται.
2 αἱ ὁδοὶ αὐτοῦ κατευθύνονται ὑπὸ κυρίου,
καὶ πεφυλαγμένα ἔργα χειρῶν αὐτοῦ ὑπὸ κυρίου Θεοῦ
αὐτοῦ.
3 ἀπὸ ὁράσεως πονηρῶν ἐνυπνίων αὐτοῦ οὐ ταραχθήσεται
ἡ ψυχὴ αὐτοῦ, ἐν διαβάσει ποταμῶν καὶ σάλῳ θαλασσῶν
οὐ πτοηθήσεται.

시편 6

희망에 대한 솔로몬의 시

시편 6편은 의인들의 희망을 다루고 있다. 여기서도 의인들은 바리사이들을 말한다. 주님의 이름을 부르는 자들은 복을 받게 될 것이고, 주님은 마침내 그들을 인도하고 구원하실 것이다. 그들의 영혼은 악몽으로 시달리지도 두려워하지도 않을 것이다(1-3절). 그들은 주님의 이름을 송축하며, 자신들의 집을 위해 기도할 것이다. 주님은 그들의 기도를 들으시고, 마침내 그들에게 긍휼을 베푸실 분임을 말하고 있다(4-6절).

  1 복되어라[112], 마음으로 주님의 이름을 부를 준비가 된
    자는! 그는 주님의 이름을 기억함으로써 구원을 받게
    될 것입니다.
  2 주님께서 의인의 길을 인도하실 것이며, 의인의 손이
    하는 일 들을 주 하느님께서 보호하실 것입니다.
  3 의인의 영혼은 악몽으로 시달리지 않을 것이며,
    강이나 거친 바다를 건널 때
    두려워하지 않을 것입니다.

---

112) 도입 형식으로서의 '복되어라(행복하여라)'의 사용은 참조 10:1; 17:44;
    18:6; 구약 시편 1:1; 32:1; 112:1; 119:1; 128:1

4 ἐξανέστη ἐξ ὕπνου αὐτοῦ καὶ ηὐλόγησεν τῷ ὀνόματι κυρίο
υ, ἐπ' εὐσταθείᾳ καρδίας αὐτοῦ ἐξύμνησεν τῷ ὀνόματι
τοῦ θεοῦ αὐτοῦ·

5 καὶ ἐδεήθη τοῦ προσώπου κυρίου περὶ παντὸς τοῦ οἴκου α
ὐτοῦ, καὶ κύριος εἰσήκουσεν προσευχὴν παντὸς ἐν φόβῳ
θεοῦ.

6 καὶ πᾶν αἴτημα ψυχῆς ἐλπιζούσης πρὸς αὐτὸν ἐπιτελεῖ
ὁ κύριος· εὐλογητὸς κύριος ὁ ποιῶν ἔλεος τοῖς ἀγαπῶσιν
αὐτὸν ἐν ἀληθείᾳ.

4 의인은 잠에서 깨어날 때 주님의 이름을 송축하며,
마음이 편안할 때 하느님의 이름을 찬양합니다.

5 의인은 주님 앞에서 자신의 집을 위해 기도했고,
주님은 하느님을 두려워하는 모든 이의 기도를
들으셨습니다.113)

6 주님은 당신에게 바라는 영혼의 요구를 모두 충족시키
십니다. 주님을 진정으로 사랑하는 자들에게 긍휼을
베푸시는 그분은 찬양받으십니다.114)

---

113) 헬라어 ἐν과 3격이 결합하여 형용사로 사용된 경우는 참조 4:3; 8:23;
9:6; 10:3
114) 참조 10:3

7

Τῷ Σαλωμων· ἐπιστροφῆς.

1 Μὴ ἀποσκηνώσῃς ἀφ' ἡμῶν, ὁ Θεός,
  ἵνα μὴ ἐπιθῶνται ἡμῖν οἳ ἐμίσησαν ἡμᾶς δωρεάν.
2 ὅτι ἀπώσω αὐτούς, ὁ Θεός·
  μὴ πατησάτω ὁ πούς αὐτῶν κληρονομίαν ἁγιάσματός σου.

시편 7

회복[115)에 대한 솔로몬의 시

시편 7편은 하느님의 보호와 단련으로 의인들이 회복되는 것을 표현한다. 의인들은 폼페이우스에 의해 성전이 짓밟히지 않도록 기도하며, 하느님께 단련을 받을지언정 자신들을 이방인들에게 넘기지만 말아 달라고 간구한다(1-3절). 의인들은 하느님께서 구원의 방패이기에 부르짖고 기도하면서, 하느님이 이스라엘을 긍휼히 여기셔서 버리지 않을 것을 확신하며(4-8절), 이방인들에게 넘겨지는 것 대신에 하느님의 멍에와 단련의 채찍을 받기를 희망한다(9-10질).

1 하느님, 우리를 미워하는 자들이[116) 까닭도 없이 임습하지 못하게 우리를 떠나지 마십시오.
2 하느님, 당신은 그들을 흩으셨습니다. 그들이 당신의 거룩한 성전을 발로 짓밟지 못하게 하십시오.[117)

---

115) '회복'은 하느님이 이스라엘을, 특히 의인들인 바리사이들을 돌보신다는 뜻이다. 참조 5:7; 8:27; 9:10
116) 여기에서는 폼페이우스와 그의 추종자들을 가리킨다.
117) 참조 2:2; 8:12; 17:22; 구약 시편 79:1

3 σὺ ἐν θελήματί σου παίδευσον ἡμᾶς
  καὶ μὴ δῷς ἔθνεσιν.
4 ἐὰν γὰρ ἀποστείλῃς θάνατον,
  σὺ ἐντελῇ αὐτῷ περὶ ἡμῶν·
5 ὅτι σὺ ἐλεήμων
  καὶ οὐκ ὀργισθήσῃ τοῦ συντελέσαι ἡμᾶς.
6 Ἐν τῷ κατασκηνοῦν τὸ ὄνομά σου ἐν μέσῳ ἡμῶν
  ἐλεηθησόμεθα,
  καὶ οὐκ ἰσχύσει πρὸς ἡμᾶς ἔθνος.
7 ὅτι σὺ ὑπερασπιστὴς ἡμῶν,
  καὶ ἡμεῖς ἐπικαλεσόμεθά σε, καὶ σὺ ἐπακούσῃ ἡμῶν.
8 ὅτι σὺ οἰκτιρήσεις τὸ γένος Ισραηλ εἰς τὸν αἰῶνα
  καὶ οὐκ ἀπώσῃ.
9 καὶ ἡμεῖς ὑπὸ ζυγόν σου τὸν αἰῶνα
  καὶ μάστιγα παιδείας σου.
10 κατευθυνεῖς ἡμᾶς ἐν καιρῷ ἀντιλήψεώς σου
  τοῦ ἐλεῆσαι τὸν οἶκον Ιακωβ εἰς ἡμέραν ἐν ᾗ ἐπηλλείλω
  αὐτοῖς.

3 당신의 뜻대로 우리를 단련하십시오.
　 다만 우리를 이방인들에게 넘기지만 마십시오.
4 당신이 죽음을 보내셨다면,[118] 우리를 (멸하지 않도록)
　 죽음에 명령하십시오.
5 당신은 인자하시기에 우리를 멸하실 정도로
　 진노하시지 않을 것입니다.
6 당신의 이름이 우리와 함께 머무르신다면,
　 우리는 긍휼을 얻게 될 것이며,
　 이방인은 우리를 이기지 못할 것입니다.
7 당신은 우리의 방패이기에,
　 당신을 부르면 우리말을 들으실 것입니다.
8 당신은 이스라엘 백성을 영원히 긍휼히 여기시겠기에
　 그들을 버리지 않으실 것입니다.
9 우리는 영원히 당신의 멍에와
　 당신이 단련시키시는 채찍을 받겠습니다.
10 당신이 도우시는 때에 우리를 인도히실 것입니다.
　 그들에게 약속하신 날에 야곱의 집에[119] 긍휼을
　 보이실 것입니다.

---

118) 죽음에 대한 언급은 참조 레위 26:25; 78:50
119) 여기에 '야곱의 집'은 이스라엘을 가리키는 것이다.

8

Τῷ Σαλωμων· εἰς νῖκος.

1 Θλῖψιν καὶ φωνὴν πολέμου ἤκουσεν τὸ οὖς μου,
  φωνὴν σάλπιγγος ἠχούσης σφαγὴν καὶ ὄλεθρον·
2 φωνὴ λαοῦ πολλοῦ ὡς ἀνέμου πολλοῦ σφόδρα,
  ὡς καταιγὶς πυρὸς πολλοῦ φερομένου δι᾽ ἐρήμου.

시편 8

승리를 위한 솔로몬의 시

시편 8편은 폼페이우스의 예루살렘 침략이라는 역사적 사건이 배후에 깔려있다. 이 시편 8편은 시편 1편과 2편과 함께 역사적으로 같은 상황 속에 있는 시편이다. 필자는 폼페이우스의 예루살렘 침입을 묘사한다(1-6절). 폼페이우스의 침입은 이스라엘 백성들의 죄에 대한 하느님의 징계 도구로 묘사된다. 그러나 이스라엘 지도자들은, 즉 하스모니아 왕가와 사두가이들은 오히려 그 침략자를 환영하며 맞아들인다. 그래서 그들은 예루살렘으로 들어오는 문을 열어준다(7-17절). 그러나 침략자는 오히려 그 지도자들을 죽였고 예루살렘의 아들들과 딸들을 추방한다(21-22절). 필자는 이방인들의 침입을 이스라엘에 대한 하느님의 의로운 심판으로 여기고 있으나 그런데도 이방인들로부터 구원해 주시기를 희망한다(23-24절).

1 내[120]귀로 재난과 전쟁의 노성을 들었습니다. 학살과 파멸을 알리는 나팔 소리를 들었습니다.
2 몹시 거센 바람과도 같고, 광야를 휩쓸고 지나가는 거친 불과도 같은 많은 사람의 노성을 나는 들었습니다.[121]

---

120) 예루살렘을 의인화한 표현이다. 참조 1:1
121) 참조 예레 4:4, 11

3 καὶ εἶπα ἐν τῇ καρδίᾳ μου
  Ποῦ ἄρα κρινεῖ αὐτὸν ὁ Θεός;
4 φωνὴν ἤκουσα εἰς Ιερουσαλημ πόλιν ἀγιάσματος·
5 συνετρίβη ἡ ὀσφύς μου ἀπὸ ἀκοῆς,
  παρελύθη γόνατά μου, ἐφοβήθη ἡ καρδία μου,
  ἐταράχθη τὰ ὀστᾶ μου ὡς λίνον.
6 εἶπα Κατευθυνοῦσιν ὁδοὺς αὐτῶν ἐν δικαιοσύνῃ.
7 Ἀνελογισάμην τὰ κρίματα τοῦ Θεοῦ ἀπὸ κτίσεως οὐρανοῦ
  καὶ γῆς, ἐδικαίωσα τὸν Θεὸν ἐν τοῖς κρίμασιν αὐτοῦ τοῖς
  ἀπ’ αἰῶνος.
8 ἀνεκάλυψεν ὁ Θεὸς τὰς ἁμαρτίας αὐτῶν ἐναντίον τοῦ ἡλίο
  υ, ἔγνω πᾶσα ἡ γῆ τὰ κρίματα τοῦ Θεοῦ τὰ δίκαια.
9 ἐν καταγαίοις κρυφίοις αἱ παρανομίαι αὐτῶν ἐν παροργισ
  μῷ· υἱὸς μετὰ μητρὸς καὶ πατὴρ μετὰ Θυγατρὸς συνεφύρο
  ντο.
10 ἐμοιχῶντο ἕκαστος τὴν γυναῖκα τοῦ πλησίον αὐτοῦ,
  συνέθεντο αὐτοῖς συνθήκας μετὰ ὅρκου περὶ τούτων.
11 τὰ ἅγια τοῦ Θεοῦ διηρπάζοσαν
  ὡς μὴ ὄντος κληρονόμου λυτρουμένου.
12 ἐπατοῦσαν τὸ Θυσιαστήριον κυρίου ἀπὸ πάσης ἀκαθαρσίας
  καὶ ἐν ἀφέδρῳ αἵματος ἐμίαναν τὰς Θυσίας ὡς κρέα βέβη
  λα.

3 나는 마음속으로 말했습니다.
　이제 하느님이 어디서 그를 심판할 것인가.
4 나는 거룩한 도성 예루살렘에서 노성을 들었습니다.
5 그 노성을 듣자 내 허리는 꺾이고, 무릎은 약해졌으며
　마음은 떨리고, 뼈는 흔들렸습니다.
6 "그들은 의로움의 길을 따랐다."라고 나는 말했습니다.122)
7 나는 천지창조 이래 하느님의 심판을 생각했습니다.
　하느님의 심판은 먼 옛날부터 옳다고 나는 생각했습니다.
8 하느님이 대낮에 그들의 죄들을 드러내셨으며123)
　온 땅이 하느님의 의로우신 심판을 알았습니다.
9 지하 은밀한 곳에서 아들이 어머니와 아버지가 딸과 뒤섞인
　그들의 범죄는124) (주님을) 분노케 했습니다.
10 각자 자기 이웃의 아내를 간음했으며, 그들은 이런 일들을
　(하지 않았다고) 맹세하기로 서로 굳게 합의했습니다.
11 그들은 하느님의 성전에서 도둑질했습니다.125)
　마치 상속자도 속량 사도 없는 섯처럼 말입니다.
12 그들은 온갖 더러움으로 주님의 제단을 짓밟았고,
　(월경) 피를 흘림으로써 제물을 보통 고기인 양 더럽혔습니다.

---

122) 6절의 표현은 보다 넓은 의미에서 진부한 구약의 고난 모티브를 설명할
　때 쓰는 표현이다.
123) 사두가이들의 범죄를 가리키고 있다.
124) 이 표현은 일반적으로 정사의 내용을 나타내는 표현이다. 참조 레위 18
　장
125) 하스모니아 가문의 대제관의 불법 취임에 대한 표현을 가리킨다.

13 οὐ παρέλιπον ἁμαρτίαν, ἣν οὐκ ἐποίησαν ὑπὲρ τὰ ἔθνη.

14 Διὰ τοῦτο ἐκέρασεν αὐτοῖς ὁ Θεὸς πνεῦμα πλανήσεως,
   ἐπότισεν αὐτοὺς ποτήριον οἴνου ἀκράτου εἰς μέθην.

15 ἤγαγεν τὸν ἀπ’ ἐσχάτου τῆς γῆς, τὸν παίοντα κραταιῶς,
   ἔκρινεν τὸν πόλεμον ἐπὶ Ιερουσαλημ καὶ τὴν γῆν αὐτῆς.

16 ἀπήντησαν αὐτῷ οἱ ἄρχοντες τῆς γῆς μετὰ χαρᾶς,
   εἶπαν αὐτῷ Ἐπευκτὴ ἡ ὁδός σου, δεῦτε εἰσέλθατε
   μετ’ εἰρήνης.

17 ὡμάλισαν ὁδοὺς τραχείας ἀπὸ εἰσόδου αὐτοῦ,
   ἤνοιξαν πύλας ἐπὶ Ιερουσαλημ, ἐστεφάνωσαν τείχη αὐτῆς.

18 Εἰσῆλθεν ὡς πατὴρ εἰς οἶκον υἱῶν αὐτοῦ μετ’ εἰρήνης,
   ἔστησεν τοὺς πόδας αὐτοῦ μετὰ ἀσφαλείας πολλῆς.

19 κατελάβετο τὰς πυργοβάρεις αὐτῆς καὶ τὸ τεῖχος Ιερουσ
   αλημ, ὅτι ὁ Θεὸς ἤγαγεν αὐτὸν μετὰ ἀσφαλείας ἐν τῇ πλ
   ανήσει αὐτῶν.

13 그들이 짓지 않은 죄가 없었으니
   오히려 이방인들을 능가했습니다.
14 그러므로 하느님이 현혹시키는 영을 그들에게 부었고,
   그들을 취하게 하려고 독한 포도주잔을 주셨습니다.
15 그는 힘차게 공격하는 자를[126] 땅끝에서 오게 하여
   예루살렘과 그 땅에 대해 전쟁을 선포했습니다.
16 그 땅의 지도자들이 기꺼이 그를 맞이하며 그에게 말
   했습니다. "당신의 길이 평탄하시기를 바랍니다. 어서
   오십시오, 평안히 들어오십시오."
17 그들은 그가 오기 전에 험한 길을 평탄케 했고,
   예루살렘으로 들어가는 성문들을 열었고[127],
   그 성벽들을 장식했습니다.
18 그는 마치 아버지가 자기 아들의 집에 가듯이 평안히
   들어와서, 매우 튼튼히 제 발을 세웠습니다.
19 그는 예루살렘의 성벽[128]과 망대를 점령했습니다.
   그들이[129] 휘청거렸을 때 하느님이 그들을 인도하셨습
   니다.

---

126) 공격하는 자는 폼페이우스를 가리킨다.
127) 힐카누스 2세를 추종하는 무리는 예루살렘 성문을 활짝 열어 폼페이우
   스를 맞이해야 한다고 주장했다. 요세푸스, 『유대전쟁사 1』 7장 142절).
128) 여기의 성벽은 1.2.3 예루살렘 성벽이라기보다는 오히려 아리스토
   불루스 2세가 축성했던 성전의 벽을 의미한다. 아리스토불루스 2세는 폼
   페이우스가 예루살렘성을 점령했을 때 성전산 위에 보루를 쌓고 석 달
   동안 최후의 항전을 벌였다. 최광선, 『신구약 중간사−중간기의 역사적 배
   경』, 97.
129) 여기서는 예루살렘 거민을 가리킨다.

20 ἀπώλεσεν ἄρχοντας αὐτῶν καὶ πᾶν σοφὸν ἐν βουλῇ,
   ἐξέχεεν τὸ αἷμα τῶν οἰκούντων Ιερουσαλημ
   ὡς ὕδωρ ἀκαθαρσίας.
21 ἀπήγαγεν τοὺς υἱοὺς καὶ τὰς θυγατέρας αὐτῶν,
   ἃ ἐγέννησαν ἐν βεβηλώσει.
22 Ἐποίησαν κατὰ τὰς ἀκαθαρσίας αὐτῶν καθὼς οἱ πατέρες
   αὐτῶν, ἐμίαναν Ιερουσαλημ καὶ τὰ ἡγιασμένα τῷ ὀνόματι
   τοῦ Θεοῦ.
23 ἐδικαιώθη ὁ Θεὸς ἐν τοῖς κρίμασιν αὐτοῦ ἐν τοῖς ἔθνεσι
   ν τῆς γῆς, καὶ οἱ ὅσιοι τοῦ Θεοῦ ὡς ἀρνία ἐν ἀκακίᾳ ἐν
   μέσῳ αὐτῶν.
24 αἰνετὸς κύριος ὁ κρίνων πᾶσαν τὴν γῆν ἐν δικαιοσύνῃ αὐ
   τοῦ.
25 Ἰδοὺ δή, ὁ Θεός, ἔδειξας ἡμῖν τὸ κρίμα σου
   ἐν τῇ δικαιοσύνῃ σου,
   εἴδοσαν οἱ ὀφθαλμοὶ ἡμῶν τὰ κρίματά σου, ὁ Θεός.
26 ἐδικαιώσαμεν τὸ ὄνομά σου τὸ ἔντιμον εἰς αἰῶνας,
   ὅτι σὺ ὁ Θεὸς τῆς δικαιοσύνης κρίνων τὸν Ισραηλ
   ἐν παιδείᾳ.

20 그는 그들의 지도자들과 의회의 모든 현자를[130]
　　죽였고 더러운 물처럼 예루살렘 주민들의
　　피를 쏟아부었습니다.
21 그는 불경스럽게 낳은 예루살렘의
　　아들들과 딸들을 추방했습니다.
22 그들은 자기네 조상들과 같이 부정한 행위를 했고,
　　예루살렘을 더럽히고 하느님의 이름을 위하여
　　거룩하게 된 것들을[131] 더럽혔습니다.
23 하느님이 세상의 민족들을 심판하시어
　　의로움을 나타내시고, 하느님의 성도들은
　　열방들 가운데서 흠 없는 양들과 같았습니다.
24 당신의 의로움으로 세상을 심판하시는 주님은 찬양받
　　아 마땅하십니다.
25 이제 보십시오, 하느님, 당신은 당신의 의로움으로 행
　　하시는 심판을 우리에게 보여주셨습니다.
　　하느님, 우리의 눈으로 당신의 심판을 보았습니다.
26 우리는 영원히 찬양할 당신의 이름은 의롭다고 했습니
　　다. 의로우신 하느님 당신은 훈계하시려고 이스라엘을
　　심판하는 분이시기 때문입니다.

---

130) 이들은 아리스토불루스 2세의 신봉자들이다.
131) 성전의 집기를 의미한다. 참조 1:8; 2:3

27 ἐπίστρεψον, ὁ Θεός, τὸ ἔλεός σου ἐφ' ἡμᾶς
   καὶ οἰκτίρησον ἡμᾶς·
28 συνάγαγε τὴν διασπορὰν Ισραηλ μετὰ ἐλέους καὶ χρηστότ
   ητος, ὅτι ἡ πίστις σου μεθ' ἡμῶν.
29 καὶ ἡμεῖς ἐσκληρύναμεν τὸν τράχηλον ἡμῶν,
   καὶ σὺ παιδευτὴς ἡμῶν εἶ.
30 μὴ ὑπερίδῃς ἡμᾶς, ὁ Θεὸς ἡμῶν,
   ἵνα μὴ καταπίωσιν ἡμᾶς ἔθνη ὡς μὴ ὄντος λυτρουμένου.
31 καὶ σὺ ὁ Θεὸς ἡμῶν ἀπ' ἀρχῆς,
   καὶ ἐπὶ σὲ ἡ ἐλπὶς ἡμῶν, κύριε·
32 καὶ ἡμεῖς οὐκ ἀφεξόμεθά σου,
   ὅτι χρηστὰ τὰ κρίματά σου ἐφ' ἡμᾶς.
33 ἡμῖν καὶ τοῖς τέκνοις ἡμῶν ἡ εὐδοκία εἰς τὸν αἰῶνα·
   κύριε σωτὴρ ἡμῶν, οὐ σαλευθησόμεθα ἔτι τὸν αἰῶνα
   χρόνον.
34 αἰνετὸς κύριος ἐν τοῖς κρίμασιν αὐτοῦ ἐν στόματι ὁσίων,
   καὶ εὐλογημένος Ισραηλ ὑπὸ κυρίου εἰς τὸν αἰῶνα.

27 하느님, 당신의 자비를 우리에게 베푸시고,
   우리를 긍휼히 여겨 주십시오.
28 이스라엘의 흩어진 자들[132]을 인자하심과 선하심으로
   모으십시오. 당신의 신실하심이 우리와 함께 있기
   때문입니다.
29 우리가 우리의 목을 뻣뻣하게 했지만
   당신은 우리의 훈계자이십니다.
30 우리의 하느님, 우리를 버리지 마십시오. 이방인들이
   마치 우리에게 속량 자가 없는 것처럼 삼키지 못하게
   하십시오.
31 당신은 처음부터 우리의 하느님이십니다.
   주님! 우리는 당신께 희망을 겁니다.
32 우리는 당신을 떠나지 않겠습니다.
   우리에게 대한 당신의 심판은 선하시기 때문입니다.
33 우리와 우리 자녀들에게 영원히 선의를 베푸십시오.
   우리의 구원지이신 주님[133],
   우리는 영원히 근심하지 않을 것입니다.
34 주님은 심판으로 인해 성도들의 입으로 찬양받아 합당
   하시며, 이스라엘은 주님으로부터 영원히 축복받을 것
   입니다.

---

132) 원문에선 '흩어진 이스라엘'이다. 참조 9:2; 11:3; 구약 시편 147:2
133) 참조 3:6; 16:4; 17:3; 바룩 4:22

9

Τῷ Σαλωμων· εἰς ἔλεγχον.

1 Ἐν τῷ ἀπαχθῆναι Ισραηλ ἐν ἀποικεσίᾳ εἰς γῆν ἀλλοτρίαν
  ἐν τῷ ἀποστῆναι αὐτοὺς ἀπὸ κυρίου τοῦ λυτρωσαμένου αὐτ
  οὺς ἀπερρίφησαν ἀπὸ κληρονομίας, ἧς ἔδωκεν αὐτοῖς
  κύριος.
2 ἐν παντὶ ἔθνει ἡ διασπορὰ τοῦ Ισραηλ κατὰ τὸ ῥῆμα τοῦ
  Θεοῦ, ἵνα δικαιωθῆς, ὁ Θεός, ἐν τῇ δικαιοσύνῃ σου
  ἐν ταῖς ἀνομίαις ἡμῶν,
  ὅτι σὺ κριτὴς δίκαιος ἐπὶ πάντας τοὺς λαοὺς τῆς γῆς.

시편 9

솔로몬의 시편. 주님의 징계에 관하여

시편 9편에서는 이스라엘이 이방으로 끌려간 원인은 주님으로 부터 떠났기 때문이라고 말한다(1-3절). 의로움을 행하는 자들은 주님과 함께 생명을 구하지만 악을 행하는 자들의 영혼은 파멸에 이르게 될 것이다(5절). 이스라엘은 하느님이 사랑하시는 백성이 기에 이방인이 엄습하지 못하도록 기도하며, 계약백성임을 강조하여 주님의 자비가 영원 무궁히 계속되기를 희망한다(6-11절).

1 이스라엘이 이방 땅으로 추방되어 끌려간 것은
  자기들을 구원하신 주님을 떠났기 때문입니다.
  그래서 그들은 주님이 자기들에게 주신 유업으로부터
  쫓겨나게 되었습니다.
2 하느님의 말씀대로 이스라엘의 흩어진 자들이 여러 나
  라에서 살았습니다. 하느님, 당신의 의로움이 우리의
  불법 가운데서 입증되게 하십시오. 왜냐하면 당신은
  세상 모든 민족에 대해 의로운 심판관이시기 때문입니
  다.

3 οὐ γὰρ κρυβήσεται ἀπὸ τῆς γνώσεώς σου πᾶς ποιῶν ἄδικα,
   καὶ αἱ δικαιοσύναι τῶν ὁσίων σου ἐνώπιόν σου, κύριε·
   καὶ ποῦ κρυβήσεται ἄνθρωπος ἀπὸ τῆς γνώσεώς σου,
   ὁ Θεός;

4 Τὰ ἔργα ἡμῶν ἐν ἐκλογῇ καὶ ἐξουσίᾳ τῆς ψυχῆς ἡμῶν
   τοῦ ποιῆσαι δικαιοσύνην καὶ ἀδικίαν ἐν ἔργοις χειρῶν
   ἡμῶν· καὶ ἐν τῇ δικαιοσύνῃ σου ἐπισκέπτῃ υἱοὺς
   ἀνθρώπων.

5 ὁ ποιῶν δικαιοσύνην Θησαυρίζει ζωὴν αὐτῷ παρὰ κυρίῳ,
   καὶ ὁ ποιῶν ἀδικίαν αὐτὸς αἴτιος τῆς ψυχῆς ἐν ἀπωλείᾳ·
   τὰ γὰρ κρίματα κυρίου ἐν δικαιοσύνῃ κατ’ ἄνδρα
   καὶ οἶκον.

6 Τίνι χρηστεύσῃ, ὁ Θεός, εἰ μὴ τοῖς ἐπικαλουμένοις τὸν κ
   ὑριον; καθαριεῖς ἐν ἁμαρτίαις ψυχὴν ἐν ἐξομολογήσει, ἐν
   ἐξαγορίαις, ὅτι αἰσχύνη ἡμῖν καὶ τοῖς προσώποις ἡμῶν
   περὶ ἁπάντων.

3 악을 행하는 자들은 누구나 당신 모르게 숨지 못할
  것입니다. 주님, 당신 성도들의 의로움은 당신 앞에 드러
  나 있습니다. 하느님, 사람이 당신 모르게 어디에 숨을
  수 있습니까?
4 우리의 행위는 우리 손동작으로 의로움과 불의를 행하
  는 마음의 선택과 권세 아래 있고, 당신은 의안에서
  사람들의 아들들을 내려다봅니다.
5 의로움을 행하는 자는 주님에게서 생명을 얻으나,
  악을 행하는 자는 영혼을 파멸에 이르게 합니다.
  주님의 의로우신 심판은 개인과 집에 따라 행하십니다.
6 하느님, 주님을 부르는 자들에게가 아니면 누구에게
  인자하시겠습니까?
  당신은 죄를 고백하고 승복하는 영혼의 죄를 씻어 주십
  니다. 온갖 비행들로 말미암아 우리 자신과 우리 얼굴
  이 수치를 당합니다.

7 καὶ τίνι ἀφήσεις ἁμαρτίας εἰ μὴ τοῖς ἡμαρτηκόσιν;
    δικαίους εὐλογήσεις καὶ οὐκ εὐθυνεῖς περὶ ὧν ἡμάρτοσαν,
    καὶ ἡ χρηστότης σου ἐπὶ ἁμαρτάνοντας ἐν μεταμελείᾳ.
8 Καὶ νῦν σὺ ὁ θεός, καὶ ἡμεῖς λαός, ὃν ἠγάπησας·
    ἰδὲ καὶ οἰκτίρησον, ὁ θεὸς Ισραηλ, ὅτι σοί ἐσμεν,
    καὶ μὴ ἀποστήσῃς ἔλεός σου ἀφ' ἡμῶν, ἵνα μὴ
    ἐπιθῶνται ἡμῖν.
9 ὅτι σὺ ᾑρετίσω τὸ σπέρμα Αβρααμ παρὰ πάντα τὰ ἔθνη
    καὶ ἔθου τὸ ὄνομά σου ἐφ' ἡμᾶς, κύριε,
    καὶ οὐκ ἀπώσῃ εἰς τὸν αἰῶνα.
10 ἐν διαθήκῃ διέθου τοῖς πατράσιν ἡμῶν περὶ ἡμῶν,
    καὶ ἡμεῖς ἐλπιοῦμεν ἐπὶ σὲ ἐν ἐπιστροφῇ ψυχῆς ἡμῶν.
11 τοῦ κυρίου ἡ ἐλεημοσύνη ἐπὶ οἶκον Ισραηλ εἰς τὸν αἰῶνα
    καὶ ἔτι.

7 죄를 지은 자들을 제쳐놓고 누구의 죄를 용서하실 것
  입니까? 당신은 의인들에게 복을 내리실 것이요. 그들
  이 지은 죄들을 벌하지 않으실 것입니다.
  죄인들이 회개할 때 당신의 선하심이 그에게 내립니
  다.
8 지금도 당신은 우리의 하느님이시며, 우리는 당신이
  사랑하신 백성입니다. 보십시오, 우리는 당신의 것이오
  니, 하느님, 이스라엘을 긍휼히 여기십시오.
  우리에게서 당신의 자비를 거두지 않으시어,
  죄인들이 우리를 엄습하지 못하게 하십시오.
9 당신은 모든 이방 민족을 제쳐놓고 아브라함의 자손들
  을 택하셨습니다. 주님, 우리에게 당신의 이름을 주셨
  으니 영원히 우리를 거절하지 마십시오.
10 당신은 우리의 조상들과 언약을 맺으셨으니,
  우리의 영혼은 회개하여 당신께 희망을 둡니다.
11 이스라엘 가문을 향한 주님의 자비가
  영원 무궁히 계속되게 하십시오.134)

---

134) 참조 10:8; 11:9; 12:6

10

Ἐν ὕμνοις· τῷ Σαλωμων.

1 Μακάριος ἀνήρ, οὗ ὁ κύριος ἐμνήσθη ἐν ἐλεγμῷ,
  καὶ ἐκυκλώθη ἀπὸ ὁδοῦ πονηρᾶς ἐν μάστιγι
  καθαρισθῆναι ἀπὸ ἁμαρτίας τοῦ μὴ πληθῦναι.
2 ὁ ἑτοιμάζων νῶτον εἰς μάστιγας καθαρισθήσεται·
  χρηστὸς γὰρ ὁ κύριος τοῖς ὑπομένουσιν παιδείαν.
3 ὀρθώσει γὰρ ὁδοὺς δικαίων καὶ οὐ διαστρέψει ἐν παιδείᾳ,
  καὶ τὸ ἔλεος κυρίου ἐπὶ τοὺς ἀγαπῶντας αὐτὸν
  ἐν ἀληθείᾳ.

시편 10

솔로몬의 찬송가

　시편 10편은 죄의 용서를 받기 위한 주님의 견책과 채찍은 오히려 복 받은 자들을 위한 것이라고 한다. 주님은 의인의 길을 곧게 할 것이며, 주님을 진정으로 사랑하는 자들에게 임하실 것이다(1-3절). 또한 주님의 자비는 계약 백성에게 내릴 것이며, 경건한 자들은 백성의 모임에서 감사할 것이고, 하느님은 가난한 자들에게 자비를 베푸실 것이다(4-6절). 필자는 이런 하느님의 선하시고, 인자하심이 이스라엘에 내리시기를 기도한다(7-8절).

　　1 복되어라, 주께서 견책하실 생각을 하시고,
　　　채찍으로 악한 길에서 벗어나도록 보호하시는 이는!
　　　죄가 가득 차기 전에 정결케 되도록 하시려는
　　　것입니다.
　　2 채찍을 맞으려고 등을 준비하는 자는 정결케 될 것입니다. 주님은 징계를 인내하는 자들에게 선하십니다.
　　3 주님은 의인의 길을 곧게 할 것이며, 징계하셔서도 그 길을 굽히지 않을 것입니다. 주님을 진정으로[135] 사랑하는 자들에게 주님의 자비가 내리실 것입니다.

---

135) 이 경우는 전치사 ἐν과 여격의 결합으로 부사적으로 쓰인 경우이다. 참조 6:6

4 καὶ μνησθήσεται κύριος τῶν δούλων αὐτοῦ ἐν ἐλέει·
  ἡ γὰρ μαρτυρία ἐν νόμῳ διαθήκης αἰωνίου,
  ἡ μαρτυρία κυρίου ἐπὶ ὁδοὺς ἀνθρώπων ἐν ἐπισκοπῇ.
5 Δίκαιος καὶ ὅσιος ὁ κύριος ἡμῶν ἐν κρίμασιν αὐτοῦ
  εἰς τὸν αἰῶνα,
  καὶ Ισραηλ αἰνέσει τῷ ὀνόματι κυρίου ἐν εὐφροσύνῃ.
6 καὶ ὅσιοι ἐξομολογήσονται ἐν ἐκκλησίᾳ λαοῦ,
  καὶ πτωχοὺς ἐλεήσει ὁ Θεὸς ἐν εὐφροσύνῃ Ισραηλ·
7 ὅτι χρηστὸς καὶ ἐλεήμων ὁ Θεὸς εἰς τὸν αἰῶνα,
  καὶ συναγωγαὶ Ισραηλ δοξάσουσιν τὸ ὄνομα κυρίου.
8 τοῦ κυρίου ἡ σωτηρία ἐπὶ οἶκον Ισραηλ εἰς εὐφροσύνην
  αἰώνιον.

4 주님께서는 자비로우심으로 당신의 종들을 기억하실
   것입니다. 그 증거는 영원한 계약의 율법 안에 있기 때
   문이며, 주님의 증거는 인간의 길 위에 있어 보살피시
   는 까닭입니다.
5 우리 주님의 심판은 영원히 의롭고 거룩하며,
   이스라엘은 기꺼이 주님의 이름을 찬양할 것입니다.
6 성도들은 백성의 모임136)에서 감사할 것이요,
   하느님은 이스라엘을 어여삐 여기시며 가난한 자들에
   게137) 자비하실 것입니다.
7 하느님은 영원히 선하시고 인자하시며,
   이스라엘의 회당들이138) 주님의 이름을 영화롭게 합니
   다.
8 주님의 구원이 이스라엘 집에 내리시어
   영원한 기쁨이 되게 하십시오.139)

---

136) '백성의 모임'이란 표현은 솔로몬의 시편 중에서 여기에서만 나온다. 참
    조 구약 시편 22:23, 26; 150:1
137) 여기서 가난한 자들은 경건한 자들과 동의어적 표현이다. 여기서 경건한
    자들은 바리사이들을 가리킨다. 참조 15:1; 16:12
138) 여기의 회당은 종교적 의미의 장소는 아니다. 참조 17:16, 43, 44
139) 여기서는 소원으로 이해했다. 참조 9:11; 11:9; 12:6

11

Τῷ Σαλωμων· εἰς προσδοκίαν.

1 Σαλπίσατε ἐν Σιων ἐν σάλπιγγι σημασίας ἁγίων,
κηρύξατε ἐν Ιερουσαλημ φωνὴν εὐαγγελιζομένου·
ὅτι ἠλέησεν ὁ Θεὸς Ισραηλ ἐν τῇ ἐπισκοπῇ αὐτῶν.
2 στῆθι, Ιερουσαλημ, ἐφ' ὑψηλοῦ καὶ ἰδὲ τὰ τέκνα σου
ἀπὸ ἀνατολῶν καὶ δυσμῶν συνηγμένα εἰς ἅπαξ ὑπὸ κυρίου.

시편 11

솔로몬의 시. 흩어진 백성의 귀환을 고대함140)

시편 11편은 이스라엘을 향한 하느님의 구원 행위를 찬양하는 시편이다. 하느님은 동과 서로부터 이스라엘을 모으며, 심지어 멀리 떨어진 섬으로부터도 모은다. 마침내 이스라엘은 하느님의 영광스러운 인도를 받는다(1-6절). 이제 이스라엘은 하느님의 강복을 받으며, 하느님의 자비가 영원 무궁히 그들에게 내리기를 소원한다(7-9절). 특히, 이 시편은 다른 시편들과 다른 점이 있는데 대개 솔로몬의 시편은 애가, 탄식, 간구, 저주, 찬양의 내용을 담고 있는 데 반해, 11편은 큰 승리를 얻은 감사의 내용을 담고 있다.

1 시온에서 성소의 표징 나팔을141) 부십시오.
  기쁜 소식을 전하는 자들의 소리를 예루살렘에 선포하시오. 하느님이 자비로이 이스라엘을 지키셨기 때문입니다.
2 예루살렘아, 높은 자리에 올라서라. 그리고 주님께서 동과 서로부터 모으신 너의 자녀들을 보아라.142)

---

140) 이 시편은 메시아 대망을 드러내고 있다.
141) 여기서는 제사의 소집을 알리는 소리이다(요엘 2:1, 15; 1 마카 4:40).
  참조 때로 성소 나팔은 전쟁을 알리는 소리일 경우도 있다(1 마카 7:45).
142) 참조 이사 40:9

3 ἀπὸ βορρᾶ ἔρχονται τῇ εὐφροσύνῃ τοῦ Θεοῦ αὐτῶν,
ἐκ νήσων μακρόθεν συνήγαγεν αὐτοὺς ὁ Θεός.
4 ὄρη ὑψηλὰ ἐταπείνωσεν εἰς ὁμαλισμὸν αὐτοῖς,
οἱ βουνοὶ ἐφύγοσαν ἀπὸ εἰσόδου αὐτῶν·
5 οἱ δρυμοὶ ἐσκίασαν αὐτοῖς ἐν τῇ παρόδῳ αὐτῶν,
πᾶν ξύλον εὐωδίας ἀνέτειλεν αὐτοῖς ὁ Θεός,
6 ἵνα παρέλθῃ Ισραηλ ἐν ἐπισκοπῇ δόξης Θεοῦ αὐτῶν.
7 Ἔνδυσαι, Ιερουσαλημ, τὰ ἱμάτια τῆς δόξης σου,
ἑτοίμασον τὴν στολὴν τοῦ ἁγιάσματός σου·
ὅτι ὁ Θεὸς ἐλάλησεν ἀγαθὰ Ισραηλ εἰς τὸν αἰῶνα καὶ ἔτι.
8 ποιῆσαι κύριος ἃ ἐλάλησεν ἐπὶ Ισραηλ καὶ Ιερουσαλημ,
ἀναστῆσαι κύριος τὸν Ισραηλ ἐν ὀνόματι δόξης αὐτοῦ·
9 τοῦ κυρίου τὸ ἔλεος ἐπὶ τὸν Ισραηλ εἰς τὸν αἰῶνα
καὶ ἔτι.

3 그들은 북으로부터 자기네 하느님의 기쁨을 누리려 오
고143) 하느님은 멀리 떨어진 섬에서도 그들을 모으셨
습니다.
4 주님께서는 그들을 위하여 높은 산들을 평지로 만들었
고 언덕들은 그들이 오는 것을 보고 달아났습니다.
5 그들이 지나갈 때 숲들은 그들의 그늘이 되었고,
하느님은 그들을 위해 온갖 향기로운 나무를 자라게
하셨습니다.144)
6 이스라엘은 자기네 하느님의 영광스러운 인도를 받아
서 전진하게 되었습니다.
7 예루살렘아, 너는 영광스런 옷을 입고, 너의 거룩한 두
루마기를 준비하라. 하느님이 이스라엘에 영원 무궁토
록 좋은 일들을 말씀하셨기 때문이다.
8 주님께서는 이스라엘과 예루살렘에게 말씀하신 일들을
이루시고, 당신의 영광스런 이름으로 이스라엘을
들어 올리십니다.
9 주님의 자비가 영원 무궁히 이스라엘 위에 있기를 원
합니다.

---

143) 하느님 자신이 기쁨일 수도 있고, 하느님이 그들에게 내리시는 기쁨일
수도 있다. 여기서는 후자이다. 참조 이사 35:10; 51:11
144) 참조 요나 4:6; 이사 41:17-20; 바룩 5:8

12

Τῷ Σαλωμων· ἐν γλώσσῃ παρανόμων.

1 Κύριε, ῥῦσαι τὴν ψυχήν μου ἀπὸ ἀνδρὸς παρανόμου
  καὶ πονηροῦ, ἀπὸ γλώσσης παρανόμου καὶ ψιθύρου
  καὶ λαλούσης ψευδῆ καὶ δόλια.
2 ἐν ποικιλίᾳ στροφῆς οἱ λόγοι τῆς γλώσσης ἀνδρὸς
  πονηροῦ ὥσπερ ἐν λαῷ πῦρ ἀνάπτον καλλονὴν αὐτοῦ.
3 ἡ παροικία αὐτοῦ ἐμπρῆσαι οἴκους ἐν γλώσσῃ ψευδεῖ,
  ἐκκόψαι δένδρα εὐφροσύνης φλογιζούσης παρανόμους,
  συγχέαι οἴκους ἐν πολέμῳ χείλεσιν ψιθύροις.

시편 12

범죄자들의 혀에 대한 솔로몬의 시

시편 12편은 범죄자들의 범법과 참소하는 혀로부터, 거짓과 사기를 말하는 혀로부터, 영혼을 건져주시기를 기도한다(1절). 여기서 범죄자들은 사두가이들을 가리키고 있다. 이 사두가이들의 거짓된 혀는 무죄한 자들을 범죄하도록 위협하고 있지만 그들의 입술은 소멸할 것이다(3-4절). 그러나 경건한 바리사이들은 약속을 기업으로 받게 될 것이다(5-6절).

1 주님, 범법하고 사악한 사람으로부터 제 영혼을 구해
   주십시오. 범죄하고 참소하는 혀로부터,
   거짓과 사기를 말하는 혀로부터 구해주십시오.[145]
2 악인의 혀의 말들은 여러 면에서 비뚤어졌습니다. 그
   혀는 백성 가운데서 자기의 아름다움을 태우는 불 같
   습니다.
3 악인이 방문하면 그 거짓된 혀 때문에 집들이 불타고,
   범죄자들은 싱싱한 나무들을[146] 잘라 불태우며,
   참소하는 입술로 가족들을 싸우도록 자극합니다.

---

145) 참조 구약 시편 12:3; 120:2; 140:1
146) 원문은 '기쁨의 나무들'이다. 참조 에제 31:16, 18

4 Μακρύναι ὁ Θεὸς ἀπὸ ἀκάκων χείλη παρανόμων ἐν ἀπορίᾳ,
   καὶ σκορπισθείησαν ὀστᾶ ψιθύρων ἀπὸ φοβουμένων κύριο
   ν· ἐν πυρὶ φλογὸς γλῶσσα ψίθυρος ἀπόλοιτο ἀπὸ ὁσίων.
5 φυλάξαι κύριος ψυχὴν ἡσύχιον μισοῦσαν ἀδίκους,
   καὶ κατευθύναι κύριος ἄνδρα ποιοῦντα εἰρήνην ἐν οἴκῳ.
6 τοῦ κυρίου ἡ σωτηρία ἐπὶ Ισραηλ παῖδα αὐτοῦ εἰς τὸν αἰῶ
   να· καὶ ἀπόλοιντο οἱ ἁμαρτωλοὶ ἀπὸ προσώπου κυρίου ἅπ
   αξ, καὶ ὅσιοι κυρίου κληρονομήσαισαν ἐπαγγελίας κυρίου.

4 하느님, 무죄한 자들로부터 범죄자들의 입술을 치워주
  십시오. 주님을 경외하는 자들로부터 비방하는 자들의
  뼈가 흩어지게 하십시오. 비방하는 자들의 입술이 경
  건한 자들로부터 불꽃 가운데서 소멸되게 하십시오.

5 주님께서 불의를 미워하는 온유한 인생을 보호해 주시
  고, 집에서 평화를 이룩하는 사람을 인도해 주십시오.

6 주님의 구원이 영원히 당신의 종 이스라엘에게147) 내
  리게 하십시오. 죄인들은 주님 앞에서 단번에 멸하십
  시오. 그러나 주님의 경건한 자들은 주님의 약속을 기
  업으로 받게 하십시오.

---

147) 이스라엘에 대해 종이라고 표현한 곳은 이곳과 17:21절뿐이다.

13

Τῷ Σαλωμων ψαλμός· παράκλησις τῶν δικαίων.

1 Δεξιὰ κυρίου ἐσκέπασέν με,
  δεξιὰ κυρίου ἐφείσατο ἡμῶν·
2 ὁ βραχίων κυρίου ἔσωσεν ἡμᾶς ἀπὸ ῥομφαίας
  διαπορευομένης, ἀπὸ λιμοῦ καὶ θανάτου ἁμαρτωλῶν.
3 θηρία ἐπεδράμοσαν αὐτοῖς πονηρά·
  ἐν τοῖς ὀδοῦσιν αὐτῶν ἐτί²οσαν σάρκας αὐτῶν
  καὶ ἐν ταῖς μύλαις ἔθλων ὀστᾶ αὐτῶν·
4 καὶ ἐκ τούτων ἁπάντων ἐρρύσατο ἡμᾶς κύριος.
5 Ἐταράχθη ὁ εὐσεβὴς διὰ τὰ παραπτώματα αὐτοῦ,
  μήποτε συμπαραληφθῇ μετὰ τῶν ἁμαρτωλῶν·

시편 13

의인들을 위로하기 위한 솔로몬의 시

시편 13편은 의인들과 죄인들 사이의 차이를 기술하고 있다. 필자는 의인들을 위험으로부터 구원해 주신 주님의 구원 행위를 찬양한다(1-5절). 여기서도 의인들은 바리사이를 가리키고, 죄인들은 사두가이를 가리킨다. 죄인의 운명과 의인의 운명은 확연하게 다르다(6-9절). 주님은 의인들을 긍휼히 여길 것이며, 그들에게 자비를 내리실 것이다(10-12절).

1 주님의 오른손이 나를 감쌌고,
　우리를 긍휼히 여기셨습니다.
2 주님의 팔이 꿰뚫는 칼로부터, 기근과 악한 자의
　죽음으로부터 우리를 건지셨습니다.
3 악한 짐승들이 공격해서 이빨로 육체를 찢었고,
　어금니로 뼈들을 뭉그러뜨렸습니다.
4 주님은 이 모든 일들로부터 우리를 보호하셨습니다.
5 경외심이 있는 자는 자신의 실수로 인해
　죄인들과 같이 될까 두려워했습니다.

6 ὅτι δεινὴ ἡ καταστροφὴ τοῦ ἁμαρτωλοῦ,
  καὶ οὐχ ἅψεται δικαίου οὐδὲν ἐκ πάντων τούτων.
7 ὅτι οὐχ ὁμοία ἡ παιδεία τῶν δικαίων ἐν ἀγνοίᾳ
  καὶ ἡ καταστροφὴ τῶν ἁμαρτωλῶν.
8 ἐν περιστολῇ παιδεύεται δίκαιος,
  ἵνα μὴ ἐπιχαρῇ ὁ ἁμαρτωλὸς τῷ δικαίῳ·
9 ὅτι νουθετήσει δίκαιον ὡς υἱὸν ἀγαπήσεως,
  καὶ ἡ παιδεία αὐτοῦ ὡς πρωτοτόκου.
10 ὅτι φείσεται κύριος τῶν ὁσίων αὐτοῦ
  καὶ τὰ παραπτώματα αὐτῶν ἐξαλείψει ἐν παιδείᾳ.
11 ἡ γὰρ ζωὴ τῶν δικαίων εἰς τὸν αἰῶνα·
  ἁμαρτωλοὶ δὲ ἀρθήσονται εἰς ἀπώλειαν,
  καὶ οὐχ εὑρεθήσεται μνημόσυνον αὐτῶν ἔτι·
12 ἐπὶ δὲ τοὺς ὁσίους τὸ ἔλεος κυρίου,
  καὶ ἐπὶ τοὺς φοβουμένους αὐτὸν τὸ ἔλεος αὐτοῦ.

6 죄인들의 파멸은 끔찍하지만, 이 모든 것 중에
   의인을 해칠 수 있는 것은 아무것도 없습니다.
7 무지로 실수한 의인들을 징계하는 것은[148] 죄인들의
   파멸과는 같지 않기 때문입니다.
8 의인은 은밀한 중에 응징을 받습니다.
   죄인이 의인을 조롱하지 못하게 하기 위해서입니다.
9 주님은 마치 사랑하는 아들같이 의인을 타이르고,
   마치 맏아들에게 하듯이 징계하실 것입니다.[149]
10 주님은 경건한 자들을 긍휼히 여기실 것이고,
   징계하심으로써 그들의 실수를 없이하실 것입니다.
11 의인들의 생명은 영원하지만, 죄인들은 파멸에
   이를 것입니다. 그들의 흔적을 찾아볼 길이 없을
   것입니다.
12 주님의 자비는 경건한 자들에게 내리고,
   주님을 경외하는 자들에게 내립니다.

---

148) 참조 3:8; 18:4
149) 사랑하는 아들을 징계한다는 사상은 신약성서에도 나타난다. 참조
   히브 12:6

14

Ὕμνος τῷ Σαλωμων.

1 Πιστὸς κύριος τοῖς ἀγαπῶσίν αὐτὸν ἐν ἀληθείᾳ,
   τοῖς ὑπομένουσιν παιδείαν αὐτοῦ,
2 τοῖς πορευομένοις ἐν δικαιοσύνῃ προσταγμάτων αὐτοῦ,
   ἐν νόμῳ, ᾧ ἐνετείλατο ἡμῖν εἰς ζωὴν ἡμῶν.
3 ὅσιοι κυρίου ζήσονται ἐν αὐτῷ εἰς τὸν αἰῶνα·
   ὁ παράδεισος τοῦ κυρίου, τὰ ξύλα τῆς ζωῆς, ὅσιοι αὐτοῦ.

시편 14

솔로몬의 찬송가

시편 14편은 하느님의 신실성에 대하여 말한다. 하느님은 율법과 계명들을 지키며 살아가는 자들에게 신실하신 분이시다(1-2절). 주님을 경외하는 자들은 주님의 낙원이며 생명나무들이다. 그들은 영원히 뿌리를 내리며 뽑히지 않을 것이다(3-4절). 그러나 죄인들과 범죄자들은 그렇지 않다. 그들의 기쁨은 짧고, 추하며 그들은 명부와 암흑과 파멸을 유산으로 물려받는다(5-9절). 그러나 주님을 경외하는 자들은 기쁨에 찬 생명을 유업으로 받을 것이다(10절).

> 1 주님은 당신을 진정으로 사랑하는 자들에게 신실하시고 당신의 징계를 견디는 자들에게 신실하십니다.[150]
> 2 주님은 당신의 계명들을 지켜 의롭게 살아가는 자들에게, 생명을 주고자 명하신 율법을 지키는 자들에게 신실하십니다.
> 3 주님을 경외하는 자들은 영원히 주님으로 인해 살 것이며, 주님의 낙원[151], 생명나무들은 주님을 경외하는 자들의 몫입니다.

---

150) 이 시편에서 여기와 17:10절에서만 하느님이 신실하시다고 말한다.
151) '주님의 낙원'은 원래 창세 2-3장에 나타난 표현의 특징이다. 참조 에제 28:13; 31:8

4 ἡ φυτεία αὐτῶν ἐρριζωμένη εἰς τὸν αἰῶνα,
  οὐκ ἐκτιλήσονται πάσας τὰς ἡμέρας τοῦ οὐρανοῦ·
5 ὅτι ἡ μερὶς καὶ κληρονομία τοῦ Θεοῦ ἐστιν Ισραηλ.
6 Καὶ οὐχ οὕτως οἱ ἁμαρτωλοὶ καὶ παράνομοι,
  οἳ ἠγάπησαν ἡμέραν ἐν μετοχῇ ἁμαρτίας αὐτῶν·
7 ἐν μικρότητι σαπρίας ἡ ἐπιθυμία αὐτῶν,
  καὶ οὐκ ἐμνήσθησαν τοῦ Θεοῦ.
8 ὅτι ὁδοὶ ἀνθρώπων γνωσταὶ ἐνώπιον αὐτοῦ διὰ παντός,
  καὶ ταμιεῖα καρδίας ἐπίσταται πρὸ τοῦ γενέσθαι.
9 διὰ τοῦτο ἡ κληρονομία αὐτῶν ᾅδης καὶ σκότος καὶ ἀπώλ
  εια, καὶ οὐχ εὑρεθήσονται ἐν ἡμέρᾳ ἐλέους δικαίων·
10 οἱ δὲ ὅσιοι κυρίου κληρονομήσουσιν ζωὴν ἐν εὐφροσύνῃ.

4 그들의 초목은 영원히 뿌리내리며, 하늘이 지속하는
  한 모든 것은 뽑히지 않을 것입니다.

5 이스라엘은152) 하느님의 차지요. 유산입니다.

6 죄인들과 범죄자들은 그렇지 않습니다.
  그들은 죄를 행하면서 날을 보내기를 즐거워합니다.

7 그들의 기쁨은 짧고 추하며,
  그들은 하느님을 기억하지 않습니다.

8 사람들의 길은 주님 앞에 알려지고,
  주님은 그들이 행하기 전에 마음의 비밀을 아십니다.

9 그러므로 그들의 유산은 명부요, 암흑과 파멸입니다.153)
  의인들에게 자비를 베푸시는 날에 죄인들은
  사라질 것입니다.

10 그러나 주님을 경외하는 자들은 기쁨에 찬 생명을 유
   산으로 받을 것입니다.154)

---

152) 여기에서 이스라엘은 국가라기보다는 경건한 자들에 대한 통칭이다. 참
    조 9:8; 구약 시편 78:71
153) 참조 15:10; 구약 시편 1:6; 9:18; 37:38
154) 참조 3:12; 10:8; 13:11; 15:13

15

Ψαλμὸς τῷ Σαλωμων μετὰ ᾠδῆς.

1 Ἐν τῷ θλίβεσθαί με ἐπεκαλεσάμην τὸ ὄνομα κυρίου,
εἰς βοήθειαν ἤλπισα τοῦ θεοῦ Ιακωβ καὶ ἐσώθην·
ὅτι ἐλπὶς καὶ καταφυγὴ τῶν πτωχῶν σύ, ὁ θεός.
2 τίς γὰρ ἰσχύει, ὁ θεός, εἰ μὴ ἐξομολογήσασθαί σοι ἐν
ἀληθείᾳ; καὶ τί δυνατὸς ἄνθρωπος εἰ μὴ ἐξομολογήσασθαι
τῷ ὀνόματί σου;
3 ψαλμὸν καινὸν μετὰ ᾠδῆς ἐν εὐφροσύνῃ καρδίας,
καρπὸν χειλέων ἐν ὀργάνῳ ἡρμοσμένῳ γλώσσης,
ἀπαρχὴν χειλέων ἀπὸ καρδίας ὁσίας καὶ δικαίας,

시편 15

솔로몬의 노래와 시편

시편 15편은 오직 하느님만이 유일한 희망이며 피난처이고, 찬미를 받으실 분이라고 설명한다(1-3절). 의인들은 기근과 칼날과 죽음을 겪지 않지만, 불법을 행하는 자들은 주님의 심판을 면하지 못할 것이다(4-9절). 죄인들이 받을 유산은 파멸과 암흑이고, 그들의 범법으로 말미암아 그들의 집은 황폐케 될 것이다(10-11절). 죄인들은 영원토록 멸망할 것이지만 주님을 경외하는 자들은 하느님의 자비로 살 것이다(11-13절).

> 1 나는 괴로움을 당하여 주님의 이름을 불렀고, 야곱의
>   하느님의 도움을 기대하며 간구했습니다. 하느님, 당신
>   은 가난한 자들의 희망이며 피난처입니다.[155]
> 2 하느님, 진정으로 당신을 고백하는 사 외에 누가 상하
>   겠습니까? 당신의 이름을 찬미하는 사람 외에 누가 강
>   하겠습니까?
> 3 기쁜 마음으로 노래와 새로운 시편을
>   혀로 악기를 불어 드리는 입술의 열매를,
>   거룩하고 의로운 마음으로 드리는 입술의 첫 열매를,

---

155) 이러한 표현은 구약성서에서 탄식과 감사시에서 볼 수 있는 틀에 박힌
관용어이다. 참조 구약 시편 59:17; 91:2

4 ὁ ποιῶν ταῦτα οὐ σαλευθήσεται εἰς τὸν αἰῶνα ἀπὸ κακοῦ,
   φλὸξ πυρὸς καὶ ὀργὴ ἀδίκων οὐχ ἅψεται αὐτοῦ,
5 ὅταν ἐξέλθῃ ἐπὶ ἁμαρτωλοὺς ἀπὸ προσώπου κυρίου
   ὀλεθρεῦσαι πᾶσαν ὑπόστασιν ἁμαρτωλῶν·
6 ὅτι τὸ σημεῖον τοῦ Θεοῦ ἐπὶ δικαίους εἰς σωτηρίαν.
7 Λιμὸς καὶ ῥομφαία καὶ Θάνατος ἀπὸ δικαίων μακράν,
   φεύξονται γὰρ ὡς διωκόμενοι πολέμου ἀπὸ ὁσίων·
8 καταδιώξονται δὲ ἁμαρτωλοὺς καὶ καταλήμψονται,
   καὶ οὐκ ἐκφεύξονται οἱ ποιοῦντες ἀνομίαν τὸ κρίμα
   κυρίου·
9 ὡς ὑπὸ πολεμίων ἐμπείρων καταλημφθήσονται,
   τὸ γὰρ σημεῖον τῆς ἀπωλείας ἐπὶ τοῦ μετώπου αὐτῶν.
10 καὶ ἡ κληρονομία τῶν ἁμαρτωλῶν ἀπώλεια καὶ σκότος,
    καὶ αἱ ἀνομίαι αὐτῶν διώξονται αὐτοὺς ἕως ᾅδου κάτω.
11 ἡ κληρονομία αὐτῶν οὐχ εὑρεθήσεται τοῖς τέκνοις
    αὐτῶν, αἱ γὰρ ἁμαρτίαι ἐξερημώσουσιν οἴκους ἁμαρτωλῶν·
12 καὶ ἀπολοῦνται ἁμαρτωλοὶ ἐν ἡμέρᾳ κρίσεως κυρίου
    εἰς τὸν αἰῶνα,
    ὅταν ἐπισκέπτηται ὁ Θεὸς τὴν γῆν ἐν κρίματι αὐτοῦ·
13 οἱ δὲ φοβούμενοι τὸν κύριον ἐλεηθήσονται ἐν αὐτῇ
    καὶ ζήσονται ἐν τῇ ἐλεημοσύνῃ τοῦ Θεοῦ αὐτῶν·
    καὶ ἁμαρτωλοὶ ἀπολοῦνται εἰς τὸν αἰῶνα χρόνον.

4 이런 것들을 만드는 이는 영원히 사악한 놈으로부터
  방해받지 않게 될 것이며, 불의한 자들에게 내릴 불꽃
  과 진노가 그를 해치 못 할 것입니다.
5 불꽃과 진노가 주님의 면전으로부터 죄인들에게로 내
  리어 죄인들의 실체를 모조리 소멸할 때 말입니다.
6 의인들을 구원코자 그들에게는 하느님의 표적이 찍힐
  것입니다.
7 기근과 칼날과 죽음은156) 의인들로부터 멀리 있으며,
  전쟁에서 쫓기는 자들처럼 경건한 자들로부터 물러갈
  것입니다.
8 그것들은 죄인들을 뒤쫓을 것이고 따라잡을 것입니다.
  불법을 행하는 자들은 주님의 심판을 면치 못할 것입
  니다.
9 그들은 마치 전쟁에 능숙한 자들에게 사로잡히듯이
  사로잡힐 터인데 그것은 그들의 이마에 멸망의 표적이
  있기 때문입니다.
10 죄인들이 물려받을 유산은 파멸과 암흑이고, 그들의
  범법은 지옥 아래까지 따라갈 것입니다.
11 그들의 유산은 그들의 자식들에게 전해지지는 않을 것
  이며, 범법은 죄인들의 집들을 황폐시킬 것입니다.
12 죄인들은 주님의 심판 날에 영원히 멸망할 것입니다.
  하느님은 심판의 때에 땅을 굽어보실 것입니다.
13 주님을 경외하는 자들은 그때 자비를 입게 될 것이고,
  하느님의 자비로 살 것이지만,
  죄인들은 영원한 때까지 멸망할 것입니다.

---

156) 여기에 죽음은 전염병이다. 참조 7:4; 13:2

16

Ὕμνος τῷ Σαλωμων· εἰς ἀντίληψιν ὁσίοις.

1 Ἐν τῷ νυστάξαι ψυχήν μου ἀπὸ κυρίου παρὰ μικρὸν ὠλίσθ
  ησα ἐν καταφορᾷ ὑπνούντων μακρὰν ἀπὸ Θεοῦ,
2 παρ' ὀλίγον ἐξεχύθη ἡ ψυχή μου εἰς Θάνατον
  σύνεγγυς πυλῶν ᾅδου μετὰ ἁμαρτωλοῦ

시편 16

경건한 자들을 돕기 위한 솔로몬의 찬송

시편 16편은 주님으로부터 멀리 떨어진 이스라엘의 비참함을 토로한다(1-3절). 주님의 자비가 없으면 이스라엘은 멸망할 것이기에 구원을 간절히 희망한다(4-5절). 특별히 악한 죄로부터 절제할 힘을 달라고 간구하며, 보호해 줄 것을 간청한다(6-9절). 또한 진리의 말씀으로 혀와 입술을 지켜주시기를 간구하며, 불평과 낙담의 마음을 멀리하게 해달라고 호소한다(10-11절). 마지막으로 영혼에 힘을 주시어 궁핍한 가운데서도 인내로 이 징계를 견딜 수 있게 해달라고 산구한다(1-15설).

  1 나의 영혼이 잠들었을 때 주님으로부터 멀리 떨어져
    잠시 비참하게 되었고,
    하느님으로부터 떨어져 깊은 잠에 빠졌습니다.
  2 한순간 나의 영혼은 죽음에 이르게 되었고,
    죄인들과 함께 지옥문[157] 가까이에 다다랐습니다.

---

157) 이 지옥문은 요나서에 대해서 말하는 것 같다. 참조 요나 2:7

3 ἐν τῷ διενεχθῆναι ψυχήν μου ἀπὸ κυρίου Θεοῦ Ισραηλ,
   εἰ μὴ ὁ κύριος ἀντελάβετό μου τῷ ἐλέει αὐτοῦ εἰς
   τὸν αἰῶνα.
4 ἔνυξέν με ὡς κέντρον ἵππου ἐπὶ τὴν γρηγόρησιν αὐτοῦ,
   ὁ σωτὴρ καὶ ἀντιλήπτωρ μου ἐν παντὶ καιρῷ ἔσωσέν με.
5 Ἐξομολογήσομαί σοι, ὁ Θεός, ὅτι ἀντελάβου μου εἰς
   σωτηρίαν καὶ οὐκ ἐλογίσω με μετὰ τῶν ἁμαρτωλῶν
   εἰς ἀπώλειαν.
6 μὴ ἀποστήσῃς τὸ ἔλεός σου ἀπ' ἐμοῦ, ὁ Θεός,
   μηδὲ τὴν μνήμην σου ἀπὸ καρδίας μου ἕως θανάτου.
7 ἐπικράτησόν μου, ὁ Θεός, ἀπὸ ἁμαρτίας πονηρᾶς
   καὶ ἀπὸ πάσης γυναικὸς πονηρᾶς σκανδαλιζούσης ἄφρονα.
8 καὶ μὴ ἀπατησάτω με κάλλος γυναικὸς παρανομούσης
   καὶ παντὸς ὑποκειμένου ἀπὸ ἁμαρτίας ἀνωφελοῦς.
9 Τὰ ἔργα τῶν χειρῶν μου κατεύθυνον ἐν τόπῳ σου
   καὶ τὰ διαβήματά μου ἐν τῇ μνήμη σου διαφύλαξον.

3 주님께서 영원하신 자비로 나를 구하지 않으신다면,
　　내 영혼은 주 이스라엘의 하느님으로로부터
　　떨어져 있을 것입니다.

4 말채찍으로158) 말을 때려 깨우듯이 주님은 나를
　　때렸으며, 나의 구원자이며 보호자이신 주님은 언제나
　　나를 구하셨습니다.

5 하느님, 나는 당신에게 감사할 것입니다.159)
　　당신은 나를 받아들여 구원하셨기 때문이며
　　죄인들과 함께 나를 간주하여 멸망시키지 않으신
　　까닭입니다.

6 하느님, 나에게서 당신의 자비를 거두지 마시고, 죽을
　　때까지 내 마음에서 당신의 기억을 지우지 마십시오.

7 하느님, 사악한 죄와160) 미련한 자를 유혹하는 모든
　　사악한 여자에게 빠지지 않도록 나를 지켜 주십시오.

8 작죄하는 여인의 아름다움에 내가 홀리지 않도록
　　하시고161) 누구든 허망한 죄에 속지 말게 하십시오.

9 내 손으로 이룬 일을 당신에게로162) 인도해 주시고,
　　당신은 나의 걸음을 기억하시어 보호해 주십시오.

---

158) 참조 잠언 26:3
159) 이런 양식의 감사는 구약 시편 118:21절과 쿰란의 감사 시편(1QH)의
　　서문에서도 나타난다.
160) 여기에서 사악한 죄는 성적인 죄를 말한다. 참조 2:16
161) 참조 잠언 6:25
162) 원문은 '당신의 자리로'이다.

10 τὴν γλῶσσάν μου καὶ τὰ χείλη μου ἐν λόγοις
   ἀληθείας περίστειλον,
   ὀργὴν καὶ θυμὸν ἄλογον μακρὰν ποίησον ἀπ’ ἐμοῦ.
11 γογγυσμὸν καὶ ὀλιγοψυχίαν ἐν θλίψει μάκρυνον
   ἀπ’ ἐμοῦ, ἐὰν ἁμαρτήσω ἐν τῷ σε παιδεύειν
   εἰς ἐπιστροφήν.
12 εὐδοκίᾳ δὲ μετὰ ἱλαρότητος στήρισον τὴν ψυχήν μου·
   ἐν τῷ ἐνισχῦσαί σε τὴν ψυχήν μου ἀρκέσει μοι τὸ δοθέν.
13 ὅτι ἐὰν μὴ σὺ ἐνισχύσῃς,
   τίς ὑφέξεται παιδείαν ἐν πενίᾳ;
14 ἐν τῷ ἐλέγχεσθαι ψυχὴν ἐν χειρὶ σαπρίας αὐτοῦ
   ἡ δοκιμασία σου ἐν σαρκὶ αὐτοῦ καὶ ἐν θλίψει πενίας·
15 ἐν τῷ ὑπομεῖναι δίκαιον ἐν τούτοις ἐλεηθήσεται
   ὑπὸ κυρίου.

10 진리의 말씀으로 나의 혀와 입술을 지켜주시고,
   나에게서 분노와 분별없는 격정을 멀리하게 하십시오.
11 박해 때 내가 불평하고 낙담하는 것을 멀리하게 하십
   시오. 내가 죄를 지으면 돌아올 때까지
   나를 징계하십시오.
12 나의 영혼을 기쁨과 유쾌함으로 굳세게 하십시오.
   주님께서 나의 영혼에 힘을 주시면 나는 그것으로
   만족할 것입니다.
13 만일 당신이 힘을 주시지 않는다면,
   누가 궁핍한 가운데서 징계를 견디겠습니까?
14 사람이 자신의 소멸 때문에 시련을 겪을 때면
   당신은 그의 육체와 가난의 곤경으로써 그를
   시험하십니다.
15 의인이 이것을 인내하면, 주님의 자비를 얻게
   될 것입니다.

17

Ψαλμὸς τῷ Σαλωμων μετὰ ᾠδῆς· τῷ βασιλεῖ.

시편 17

솔로몬의 노래와 시편. 임금님에 관하여

시편 17편은 그리스도교 직전의 메시아사상을 살필 수 있는 시편이다. 메시아사상은 시편 17편과 18편에 잘 드러나는데, 두 편 가운데서 17편이 훨씬 더 자상하다. 17편의 짜임새와 내용은 다음과 같다. 메시아는 역사적 인물로서 역사 안에서 선정을 편다. 이 점이 천상계와 종말에 집착한 묵시문학과 다르다.

시편의 서두는 하느님은 왕이시며 그 왕권은 영원하다고 고백한다(1-3절). 하느님의 왕권을 대행하는 다윗의 왕권은 사라지지 않는나(4절 참조 2 사무 7:14; 구약 시편 89:19-37). 그러나 이스라엘이 작죄 한 까닭에 하스모니아 가문이 다윗 왕권을 찬탈했다(5-6절). 결국 폼페이우스가 이끄는 로마군이 하스모니아 왕가를 멸하고 이스라엘을 점령했다(7-20절). 필자는 다윗의 왕권이 수복되기를 간구한다(21절).

22-44절은 메시아와 메시아 시대를 서술한다. 메시아는 예루살렘에서 이방인들을 몰아낸다(22-25절). 그는 선민을 모아 열두 지파에 이스라엘 땅을 나누어준다(26-28절).

1 Κύριε, σὺ αὐτὸς βασιλεὺς ἡμῶν εἰς τὸν αἰῶνα καὶ ἔτι·
  ὅτι ἐν σοί, ὁ Θεός, καυχήσεται ἡ ψυχὴ ἡμῶν.
2 καὶ τίς ὁ χρόνος ζωῆς ἀνθρώπου ἐπὶ τῆς γῆς;
  κατὰ τὸν χρόνον αὐτοῦ καὶ ἡ ἐλπὶς αὐτοῦ ἐπ' αὐτόν.
3 ἡμεῖς δὲ ἐλπιοῦμεν ἐπὶ τὸν Θεὸν σωτῆρα ἡμῶν·
  ὅτι τὸ κράτος τοῦ Θεοῦ ἡμῶν εἰς τὸν αἰῶνα μετ' ἐλέους,
  καὶ ἡ βασιλεία τοῦ Θεοῦ ἡμῶν εἰς τὸν αἰῶνα ἐπὶ τὰ ἔθνη
  ἐν κρίσει.
4 Σύ, κύριε, ἡρετίσω τὸν Δαυιδ βασιλέα ἐπὶ Ισραηλ,
  καὶ σὺ ὤμοσας αὐτῷ περὶ τοῦ σπέρματος αὐτοῦ εἰς
  τὸν αἰῶνα τοῦ μὴ ἐκλείπειν ἀπέναντί σου βασίλειον
  αὐτοῦ.
5 καὶ ἐν ταῖς ἁμαρτίαις ἡμῶν ἐπανέστησαν ἡμῖν ἁμαρτωλοί·
  ἐπέθεντο ἡμῖν καὶ ἔξωσαν ἡμᾶς οἷς οὐκ ἐπηλλείλω,
  μετὰ βίας ἀφείλαντο καὶ οὐκ ἐδόξασαν τὸ ὄνομά σου
  τὸ ἔντιμον.

그가 예루살렘을 정화하면, 이방인들은 지중해 각지에 흩어져 사는 선민들을 데리고서 예루살렘의 영광을 보러 온다(29-31절). 메시아는 의로운 왕으로서 하느님에게 의탁하여 선정을 펴리니, 그 시대에 사는 이들은 복되다고 말한다(37-44절). 필자는 마지막으로 하느님의 구원을 간구하고, 하느님의 왕 되심을 고백한다(45-46절).

1 주님, 당신은 영원 무궁히 우리의 왕이십니다.
　하느님, 우리 영혼은 당신을 자랑스럽게 여깁니다.
2 땅 위에서 사람이 사는 기간이 얼마입니까?
　그는 살아 있는 동안 자신에 대한 희망을
　간직할 것입니다.
3 우리는 우리의 구원자이신 하느님에게 희망을 둡니다.
　하느님의 능력은 자비와 함께 영원하시며,
　우리 하느님의 왕권은 영원하시고 만백성을
　심판하십니다.
4 주님, 당신은 다윗을 이스라엘의 왕으로 택하셨습니다.
　다윗의 왕권은 당신의 면전에서 사라지지 않으리라고,
　그의 자손들을 위해서 그에게 영원히 맹세하셨습니다.
5 우리가 작죄 한 까닭에 죄인들이 우리에게 반기를 들었습니다. 주님 당신이 약속을 맺지 않은 자들이 우리를 덮쳤고, 우리를 쫓아냈습니다. 그들은 폭력으로 약탈했고, 존귀하신 당신의 이름을 송축하지 않았습니다.

6 ἐν δόξῃ ἔθεντο βασίλειον ἀντὶ ὕψους αὐτῶν,
   ἠρήμωσαν τὸν θρόνον Δαυιδ ἐν ὑπερηφανίᾳ ἀλλάγματος.
7 Καὶ σύ, ὁ θεός, καταβαλεῖς αὐτοὺς καὶ ἀρεῖς
   τὸ σπέρμα αὐτῶν ἀπὸ τῆς γῆς ἐν τῷ ἐπαναστῆναι
   αὐτοῖς ἄνθρωπον ἀλλότριον γένους ἡμῶν.
8 κατὰ τὰ ἁμαρτήματα αὐτῶν ἀποδώσεις αὐτοῖς, ὁ θεός,
   εὑρεθῆναι αὐτοῖς κατὰ τὰ ἔργα αὐτῶν.
9 οὐκ ἠλέησεν αὐτοὺς ὁ θεός,
   ἐξηρεύνησεν τὸ σπέρμα αὐτῶν καὶ οὐκ ἀφῆκεν αὐτῶν ἕνα.
10 πιστὸς ὁ κύριος ἐν πᾶσι τοῖς κρίμασιν αὐτοῦ, οἷς ποιεῖ
   ἐπὶ τὴν γῆν.
11 Ἠρήμωσεν ὁ ἄνομος τὴν γῆν ἡμῶν ἀπὸ ἐνοικούντων
   αὐτήν, ἠφάνισαν νέον καὶ πρεσβύτην καὶ τέκνα
   αὐτῶν ἅμα·
12 ἐν ὀργῇ κάλλους αὐτοῦ ἐξαπέστειλεν αὐτὰ ἕως ἐπὶ
   δυσμῶν καὶ τοὺς ἄρχοντας τῆς γῆς εἰς ἐμπαιγμὸν
   καὶ οὐκ ἐφείσατο.
13 ἐν ἀλλοτριότητι ὁ ἐχθρὸς ἐποίησεν ὑπερηφανίαν,
   καὶ ἡ καρδία αὐτοῦ ἀλλοτρία ἀπὸ τοῦ θεοῦ ἡμῶν.

6 그들은 거드름을 피우며 화려한 왕국을 세웠고,
　거만한 소리를 외치면서 다윗의 왕권을 약탈했습니다.

7 그렇지만 하느님, 당신은 땅에서 그들을 몰아냈고[163],
　땅에서 그들의 후손을 사라지게 했으니,
　우리 민족과는 다른 사람이 그들을 대항했습니다.[164]

8 하느님, 당신은 그들의 죄대로 갚으셨고,
　그들의 행위대로 보복하셨습니다.

9 하느님은 그들에게 자비를 보이지 않으시고 그들의 자
　손들을 사냥 하시어, 그들 중에서 한 사람도 놓치지 않
　으셨습니다.

10 주님은 세상에서 이룩하신 모든 심판에서
　신실하십니다.

11 불법자가[165] 우리의 땅을 황폐케 하여 그곳에 거처하는
　자가 없었으며, 그들은 젊은 것, 늙은 것, 그것들의 자식
　들을 동시에 몰살했습니다.

12 주님은 의분으로 시쪽까지 그들을 추방하시고,
　가차 없이 그 땅의 관원들을 비웃음거리로
　삼으셨습니다.

13 원수는 이방인이므로 교만하게 행동했고,
　그의 마음은 우리 하느님으로부터 멀리 떨어져
　있었습니다.

---

163) 7절은 폼페이우스에 의한 예루살렘 탈취를 전제로 하고 있다. 여기에서
　는 아리스토불루스 2세의 죽음과 그의 추종자를 가리키고 있다.
164) 폼페이우스와 그의 동료들을 가리킨다. 참조 17:13
165) 여기서는 폼페이우스이다.

14 καὶ πάντα, ὅσα ἐποίησεν ἐν Ιερουσαλημ,
   καθὼς καὶ τὰ ἔθνη ἐν ταῖς πόλεσι τοῦ σθένους αὐτῶν.
15 Καὶ ἐπεκρατοῦσαν αὐτῶν οἱ υἱοὶ τῆς διαθήκης ἐν μέσῳ ἐ
   θνῶν συμμίκτων, οὐκ ἦν ἐν αὐτοῖς ὁ ποιῶν
   ἐν Ιερουσαλημ ἔλεος καὶ ἀλήθειαν.
16 ἐφύγοσαν ἀπ᾽ αὐτῶν οἱ ἀγαπῶντες συναγωγὰς ὁσίων,
   ὡς στρουθία ἐξεπετάσθησαν ἀπὸ κοίτης αὐτῶν.
17 ἐπλανῶντο ἐν ἐρήμοις σωθῆναι ψυχὰς αὐτῶν ἀπὸ κακοῦ,
   καὶ τίμιον ἐν ὀφθαλμοῖς παροικίας ψυχὴ σεσῳσμένη
   ἐξ αὐτῶν.
18 εἰς πᾶσαν τὴν γῆν ἐγενήθη ὁ σκορπισμὸς αὐτῶν ὑπὸ
   ἀνόμων, ὅτι ἀνέσχεν ὁ οὐρανὸς τοῦ στάξαι ὑετὸν
   ἐπὶ τὴν γῆν.
19 πηγαὶ συνεσχέθησαν αἰώνιοι ἐξ ἀβύσσων ἀπὸ ὀρέων ὑψηλ
   ῶν, ὅτι οὐκ ἦν ἐν αὐτοῖς ποιῶν δικαιοσύνην καὶ κρίμα.

14 이방인들이 자기네 도시에서 자기네 신들에게 행한 온
   갖 짓거리를 그는 예루살렘에서 행했습니다.166)

15 이방인 잡종 가운데 사는 언약의 아들들이 그 짓거리
   들을 따라 했고, 예루살렘에서 자비와 긍휼을 행하는
   이는 그들 가운데 없었습니다.

16 경건한 자들의 회당을 사랑했던 자들은 마치 참새들이
   자기네 둥지에서 달아나는 듯이167) 회당에서
   도망쳤습니다.

17 그들은 악으로부터 목숨을 구하려고 광야를 헤매었습
   니다. 나그네의 눈으로 볼 때 그들 가운데서 구원된
   목숨 하나도 귀하게 보였습니다.

18 불법자들로 인해 그들은 온 땅으로 흩어졌고,
   하늘은 땅 위에 비를 내리기를 그쳤습니다.

19 높은 산에서부터 심연에 이르기까지 계속 솟던
   우물들은 끝장났습니다. 그들 가운데서 의로움과
   정의를 행하는 이가 없었기 때문입니다.

---

166) 폼페이우스는 성전을 짓밟았다.
167) 참조 구약 시편 11:1; 55:7

20 ἀπὸ ἄρχοντος αὐτῶν καὶ λαοῦ ἐλαχίστου ἐν πάσῃ
   ἁμαρτίᾳ, ὁ βασιλεὺς ἐν παρανομίᾳ καὶ ὁ κριτὴς
   ἐν ἀπειθείᾳ καὶ ὁ λαὸς ἐν ἁμαρτίᾳ.
21 Ἰδέ, κύριε, καὶ ἀνάστησον αὐτοῖς τὸν βασιλέα αὐτῶν
   υἱὸν Δαυιδ εἰς τὸν καιρόν, ὃν εἵλου σύ, ὁ θεός,
   τοῦ βασιλεῦσαι ἐπὶ Ισραηλ παῖδά σου·
22 καὶ ὑπόζωσον αὐτὸν ἰσχὺν τοῦ θραῦσαι ἄρχοντας ἀδίκου
   ς, καθαρίσαι Ιερουσαλημ ἀπὸ ἐθνῶν καταπατούντων
   ἐν ἀπωλείᾳ,
23 ἐν σοφίᾳ δικαιοσύνης ἐξῶσαι ἁμαρτωλοὺς ἀπὸ
   κληρονομίας, ἐκτρῖψαι ὑπερηφανίαν ἁμαρτωλοῦ
   ὡς σκεύη κεραμέως,
24 ἐν ῥάβδῳ σιδηρᾷ συντρῖψαι πᾶσαν ὑπόστασιν αὐτῶν,
   ὀλεθρεῦσαι ἔθνη παράνομα ἐν λόγῳ στόματος αὐτοῦ,
25 ἐν ἀπειλῇ αὐτοῦ φυγεῖν ἔθνη ἀπὸ προσώπου αὐτοῦ
   καὶ ἐλέγξαι ἁμαρτωλοὺς ἐν λόγῳ καρδίας αὐτῶν.

20 통치자로부터 가장 작은 백성에 이르기까지 온갖 죄를
   지었기 때문입니다. 왕은 범죄자였고, 재판관은
   불순종했으며,168) 백성은 죄를 범했습니다.

21 주님, 보십시오. 저들을 위하여 다윗의 아들인, 저들의
   왕을 일으키십시오. 하느님, 제 때에 왕이 당신의 종
   이스라엘을169) 통치하기 위해서입니다.

22 불의한 통치자들을 힘으로 무찌를 수 있도록 그를 힘
   차게 떠받쳐 주십시오. 짓밟아 파멸하는 이방인들로부
   터 그가 예루살렘을 정화하기 위해서입니다.

23 의로운 지혜로 죄인들을 유산 상속에서 몰아내고, 토
   기장이의 그릇같이 죄인들의 거만을 부수기
   위해서입니다.170)

24 쇠막대기로 죄인들의 모든 실체를 깨뜨리고, 그의
   입에서 나오는 말로 불법을 행한 이방인들을 멸하기 위
   해서입니다.

25 그가171) 경고하면 그의 면전에서 이방인들이 달아날
   것이며, 그는 죄인들의 마음속 생각을 뚫어보고
   그들을 견책할 것입니다.

---

168) 여기서 왕과 재판관은 아리스토불루스 2세와 힐카누스 2세를 가리킨다.
169) 하느님의 종으로서의 이스라엘에 대한 표현은 참조 이사 45:4
170) 참조 구약 시편 2:9
171) 다윗의 후손인 메시아를 가리킨다.

26 Καὶ συνάξει λαὸν ἅγιον, οὗ ἀφηγήσεται ἐν δικαιοσύνῃ,
   καὶ κρινεῖ φυλὰς λαοῦ ἡγιασμένου ὑπὸ κυρίου Θεοῦ
   αὐτοῦ·
27 καὶ οὐκ ἀφήσει ἀδικίαν ἐν μέσῳ αὐτῶν αὐλισθῆναι ἔτι,
   καὶ οὐ κατοικήσει πᾶς ἄνθρωπος μετ᾽ αὐτῶν εἰδὼς
   κακίαν· γνώσεται γὰρ αὐτοὺς ὅτι πάντες υἱοὶ Θεοῦ
   εἰσιν αὐτῶν.
28 καὶ καταμερίσει αὐτοὺς ἐν ταῖς φυλαῖς αὐτῶν ἐπὶ τῆς
   γῆς, καὶ πάροικος καὶ ἀλλογενὴς οὐ παροικήσει
   αὐτοῖς ἔτι·
29 κρινεῖ λαοὺς καὶ ἔθνη ἐν σοφίᾳ δικαιοσύνης αὐτοῦ.
   διάψαλμα.
30 Καὶ ἕξει λαοὺς ἐθνῶν δουλεύειν αὐτῷ ὑπὸ τὸν ζυγὸν
   αὐτοῦ καὶ τὸν κύριον δοξάσει ἐν ἐπισήμῳ πάσης τῆς γῆς
   καὶ καθαριεῖ Ιερουσαλημ ἐν ἁγιασμῷ ὡς καὶ τὸ ἀπ᾽ ἀρχῆς
31 ἔρχεσθαι ἔθνη ἀπ᾽ ἄκρου τῆς γῆς ἰδεῖν τὴν δόξαν αὐτοῦ
   φέροντες δῶρα τοὺς ἐξησθενηκότας υἱοὺς αὐτῆς
   καὶ ἰδεῖν τὴν δόξαν κυρίου, ἣν ἐδόξασεν αὐτὴν ὁ Θεός.

26 그는 거룩한 백성을 모아 의로운 길로 인도할 것입니다. 그리고 그의 하느님이신 주님으로 말미암아 거룩하게 된 백성의 지파들을 심판할 것입니다.

27 그는 불의가 지파들 안에 자리 잡는 것을 더는 참지 않을 것이며, 악을 아는 이는 누구나 지파들과 함께 살지 못할 것입니다. 그들 지파 모두가 자기네 하느님의 자녀라는 것을 알기 때문입니다.

28 그는 땅을 그들의 지파대로 나누어줄 것이며,
나그네와 외국인이 더는 그들 곁에 살지
못하게 할 것입니다.

29 그는 자기의 의로운 지혜로 백성들과 이방인들을
심판할 입니다. 휴식

30 그는 이방인 백성들이 그의 멍에를 지고 그를 섬기도록 할 것이고, 또한 그는 온 세상 높은 곳에서 주님께 영광을 돌릴 것이며, 처음에 그랬던 것같이 예루살렘을 거룩히게 정회할 것입니다.

31 그러면 이방인들은 예루살렘의 영광을 보려고 땅 끝에서부터 오겠고, 추방당했던 그의 자녀들을 선물로 데려올 것이며, 주님의 영광을 보러 올 것입니다. 하느님께서 예루살렘을 영화롭게 하신 그 영광을 보러 올 것입니다.172)

---

172) 참조 이사 2:2-4; 49:20-23; 특히 66:18-21; 시편 72:9-11

32 καὶ αὐτὸς βασιλεὺς δίκαιος διδακτὸς ὑπὸ Θεοῦ ἐπ' αὐτού
ς, καὶ οὐκ ἔστιν ἀδικία ἐν ταῖς ἡμέραις αὐτοῦ ἐν μέσῳ
αὐτῶν, ὅτι πάντες ἅγιοι, καὶ βασιλεὺς αὐτῶν χριστὸς
κυρίου.

33 οὐ γὰρ ἐλπιεῖ ἐπὶ ἵππον καὶ ἀναβάτην καὶ τόξον
οὐδὲ πληθυνεῖ αὐτῷ χρυσίον οὐδὲ ἀργύριον εἰς πόλεμον
καὶ πολλοῖς λαοῖς οὐ συνάξει ἐλπίδας εἰς ἡμέραν
πολέμου.

34 Κύριος αὐτὸς βασιλεὺς αὐτοῦ, ἐλπὶς τοῦ δυνατοῦ ἐλπίδι
Θεοῦ, καὶ ἐλεήσει πάντα τὰ ἔθνη ἐνώπιον αὐτοῦ ἐν φόβῳ.

35 πατάξει γὰρ γῆν τῷ λόγῳ τοῦ στόματος αὐτοῦ εἰς αἰῶνα,
εὐλογήσει λαὸν κυρίου ἐν σοφίᾳ μετ' εὐφροσύνης·

36 καὶ αὐτὸς καθαρὸς ἀπὸ ἁμαρτίας τοῦ ἄρχειν λαοῦ μεγάλ
ου, ἐλέγξαι ἄρχοντας καὶ ἐξᾶραι ἁμαρτωλοὺς ἐν ἰσχύι
λόγου.

37 καὶ οὐκ ἀσθενήσει ἐν ταῖς ἡμέραις αὐτοῦ ἐπὶ Θεῷ αὐτοῦ·
ὅτι ὁ Θεὸς κατειργάσατο αὐτὸν δυνατὸν ἐν πνεύματι
ἁγίῳ καὶ σοφὸν ἐν βουλῇ συνέσεως μετὰ ἰσχύος καὶ
δικαιοσύνης.

38 καὶ εὐλογία κυρίου μετ' αὐτοῦ ἐν ἰσχύι,
καὶ οὐκ ἀσθενήσει.

32 그는 하느님으로부터 가르침을 받아 그들의 의로운
   왕이 되고, 그가 다스리는 동안 그들 가운데는 불의가
   없습니다. 왜냐하면 모두가 거룩하며, 그들의 왕은
   주님의 메시아인 까닭입니다.
33 그는 말과 기병과 활에 의지하지 않을 것이며,
   전쟁을 위해 금과 은도 모으지 않을 것이고, 전쟁의
   날을 위해 많은 군대에 희망을 두지도 않을 것입니다.
34 주님이 그의 왕이시오, 강력한 그의 희망은 오직 하느
   님께 거는 희망입니다. 그는 자기 앞에서 두려워하는
   모든 민족에게 자비를 베풀 것입니다.
35 그는 주님의 입으로부터 나오는 말씀으로 영원히 세상
   을 평정할 것이며, 지혜와 기쁨으로 주님의 백성을
   축복할 것입니다.
36 그는 거대한 백성을 통치하기 위해서 죄로부터 깨끗하
   고, 힘찬 말로 통치자들을 바로잡고, 죄인들을 몰아낼
   것입니다.
37 그는 자기 하느님에게 의탁하기에 한평생 약해지지
   않을 것입니다. 왜냐하면 하느님이 성령으로 그를 강하
   게 하셨고 이해력과 능력과 의로움으로 그를 지혜롭게
   하셨기 때문입니다.
38 주님의 강복이 그에게 힘차게 내리시어
   그는 약해지지 않을 것입니다.

39 Ἡ ἐλπὶς αὐτοῦ ἐπὶ κύριον,
   καὶ τίς δύναται πρὸς αὐτόν;
40 ἰσχυρὸς ἐν ἔργοις αὐτοῦ καὶ κραταιὸς ἐν φόβῳ Θεοῦ
   ποιμαίνων τὸ ποίμνιον κυρίου ἐν πίστει καὶ δικαιοσύνῃ
   καὶ οὐκ ἀφήσει ἀσθενῆσαι ἐν αὐτοῖς ἐν τῇ νομῇ αὐτῶν.
41 ἐν ἰσότητι πάντας αὐτοὺς ἄξει,
   καὶ οὐκ ἔσται ἐν αὐτοῖς ὑπερηφανία τοῦ
   καταδυναστευθῆναι ἐν αὐτοῖς.
42 Αὕτη ἡ εὐπρέπεια τοῦ βασιλέως Ισραηλ, ἣν ἔγνω ὁ Θεός,
   ἀναστῆσαι αὐτὸν ἐπ’ οἶκον Ισραηλ παιδεῦσαι αὐτόν.
43 τὰ ῥήματα αὐτοῦ πεπυρωμένα ὑπὲρ χρυσίον τὸ πρῶτον
   τίμιον, ἐν συναγωγαῖς διακρινεῖ λαοῦ φυλὰς ἡγιασμένου,
   οἱ λόγοι αὐτοῦ ὡς λόγοι ἁγίων ἐν μέσῳ λαῶν
   ἡγιασμένων.
44 μακάριοι οἱ γενόμενοι ἐν ταῖς ἡμέραις ἐκείναις
   ἰδεῖν τὰ ἀγαθὰ Ισραηλ ἐν συναγωγῇ φυλῶν,
   ἃ ποιήσει ὁ Θεός.
45 ταχύναι ὁ Θεὸς ἐπὶ Ισραηλ τὸ ἔλεος αὐτοῦ,
   ῥύσαιτο ἡμᾶς ἀπὸ ἀκαθαρσίας ἐχθρῶν βεβήλων.
46 κύριος αὐτὸς βασιλεὺς ἡμῶν εἰς τὸν αἰῶνα καὶ ἔτι.

39 그의 희망은 주님께 있으니,
  누가 그를 대적할 수 있겠습니까?
40 그는 자기 일에 능하고 하느님을 경외하는 일에
  강하여, 주님의 양 떼를 성실하고 의롭게 기르며,
  그들의 목장에서 어느 누구도 약하게 하지
  않을 것입니다.
41 그는 그들을 거룩하게 인도할 것이며,
  그들 가운데는 억누르는 거만한 자가 없을 것입니다.
42 이것이 하느님이 인정하신 이스라엘 왕의 위엄이니,
  하느님은 이스라엘 집을 다스리고 교육하도록
  왕을 일으키셨습니다.
43 그의 말은 정금보다 값지고 순결하여, 모임에서 거룩
  한 백성의 지파들을 심판할 것입니다.
  그의 말은 거룩하게 된 백성들 가운데서 울리는
  거룩한 이들(천사들)의 말과173) 같습니다.
44 복뙤어리, 지파들의 모임에서 하느님이 이루실 이스라
  엘의 행운을 보는 날에 태어난 자들은!
45 하느님, 당신의 자비를 이스라엘에 내리십시오.
  저속한 적들의 더러움에서 우리를 건져 주십시오.
46 주님은 친히 영원무궁 우리의 왕이십니다.

---

173) 원문에서는 '천사들의 말' 대신에 '거룩한 자들의 말'이라고 한다. 참조
  다니 4:14

18

Ψαλμὸς τῷ Σαλωμων· ἔτι τοῦ χριστοῦ κυρίου.

1 Κύριε, τὸ ἔλεός σου ἐπὶ τὰ ἔργα τῶν χειρῶν σου εἰς τὸν
  αἰῶνα, ἡ χρηστότης σου μετὰ δόματος πλουσίου
  ἐπὶ Ισραηλ·
2 οἱ ὀφθαλμοί σου ἐπιβλέποντες ἐπ’ αὐτά,
  καὶ οὐχ ὑστερήσει ἐξ αὐτῶν·
  τὰ ὦτά σου ἐπακούει εἰς δέησιν πτωχοῦ ἐν ἐλπίδι.

시편 18

솔로몬의 시편. 다시금 주님의 메시아에 관하여

시편 18편은 17편과 함께 메시아사상이 담겨 있다. 시편의 서두에는 하느님의 자비가 이스라엘 위에 있기를 기대하며, 이스라엘이 정결케 되기를 기도한다(1-5절). 주님의 선하심을 보는 자들은 복된 이들이며, 그들은 자비의 날에 하느님을 경외하며 사는 선한 세대들이다(6-9절). 하느님은 위대하시며, 별들을 궤도에 배열시키시는 창조주 하느님이시다. 하느님만이 모든 우주의 주권자이시다(10-12절). 이 시편을 내용상으로만 보면 1-9절과 10-12절은 연관이 없어 보인다. 그러므로 10-12절은 〈솔로몬의 시편〉 전체의 결론 부분이라 할 수 있다.

1 주님, 당신의 자비는 영원히 당신 손이 하시는 일에
  내립니다. 풍성한 선물로써 당신의 선하심을
  이스라엘에 나타내십니다.
2 당신의 눈으로 그들을 지켜보시니 그들 중에 궁핍한
  자가 없을 것입니다. 당신의 귀로 가난한 자의 희망에
  찬 기도를 들으십니다.

3 τὰ κρίματά σου ἐπὶ πᾶσαν τὴν γῆν μετὰ ἐλέους,
   καὶ ἡ ἀγάπη σου ἐπὶ σπέρμα Αβρααμ υἱοὺς Ισραηλ.
4 ἡ παιδεία σου ἐφ᾽ ἡμᾶς ὡς υἱὸν πρωτότοκον μονογενῆ
   ἀποστρέψαι ψυχὴν εὐήκοον ἀπὸ ἀμαθίας ἐν ἀγνοίᾳ.
5 καθαρίσαι ὁ Θεὸς Ισραηλ εἰς ἡμέραν ἐλέους ἐν εὐλογίᾳ,
   εἰς ἡμέραν ἐκλογῆς ἐν ἀνάξει χριστοῦ αὐτοῦ.
6 Μακάριοι οἱ γενόμενοι ἐν ταῖς ἡμέραις ἐκείναις
   ἰδεῖν τὰ ἀγαθὰ κυρίου, ἃ ποιήσει γενεᾷ τῇ ἐρχομένῃ
7 ὑπὸ ῥάβδον παιδείας χριστοῦ κυρίου ἐν φόβῳ Θεοῦ αὐτοῦ
   ἐν σοφίᾳ πνεύματος καὶ δικαιοσύνης καὶ ἰσχύος
8 κατευθῦναι ἄνδρα ἐν ἔργοις δικαιοσύνης φόβῳ Θεοῦ
   καταστῆσαι πάντας αὐτοὺς ἐνώπιον κυρίου

3 당신의 심판은 온 세상에 자비로 임하겠고, 당신은
  아브라함의 씨족인 이스라엘의 아들들을
  사랑하십니다.

4 당신은 우리를 징계하시되 마치 맏아들, 외아들에게
  하시듯 하고, 순종하는 사람이 모르는 가운데 죄를
  짓는 일이174) 없게 하십니다.

5 하느님께서는 당신의 메시아가 통치하기로 정해진 날,
  복된 자비의 날을 위해서 이스라엘을 정결케
  하십시오.175)

6 복되어라, 주님께서 다가올 세대에176) 이룩하실 주님
  의 행운을 보는 그날에 태어나는 자들은!

7 그들은 주님의 메시아의 징계 막대기 아래에서 자기네
  하느님을 경외하며 성령의 지혜와 의로움과 능력을
  누릴 것입니다.

8 메시아는 사람들을 의로운 행동으로 인도하며 하느님
  을 경외케 하고, 보는 사람을 주님 앞에
  세울 것입니다.

---

174) 무심코 저지른 죄에 대해서는 참조 3:8; 13:7
175) 메시아를 통한 예루살렘의 정결에 대한 것은 참조 3:8; 17:30
176) 참조 구약 시편 22:31

9 γενεὰ ἀγαθὴ ἐν φόβῳ Θεοῦ ἐν ἡμέραις ἐλέους.
   διάψαλμα.
10 Μέγας ἡμῶν ὁ Θεὸς καὶ ἔνδοξος ἐν ὑψίστοις κατοικῶν
   ὁ διατάξας ἐν πορείᾳ φωστῆρας εἰς καιροὺς ὡρῶν
   ἀφ' ἡμερῶν εἰς ἡμέρας
   καὶ οὐ παρέβησαν ἀπὸ ὁδοῦ, ἧς ἐνετείλω αὐτοῖς·
11 ἐν φόβῳ Θεοῦ ἡ ὁδὸς αὐτῶν καθ' ἑκάστην ἡμέραν
   ἀφ' ἧς ἡμέρας ἔκτισεν αὐτοὺς ὁ Θεὸς καὶ ἕως αἰῶνος·
12 καὶ οὐκ ἐπλανήθησαν ἀφ' ἧς ἡμέρας ἔκτισεν αὐτούς,
   ἀπὸ γενεῶν ἀρχαίων οὐκ ἀπέστησαν ὁδῶν αὐτῶν,
   εἰ μὴ ὁ Θεὸς ἐνετείλατο αὐτοῖς ἐν ἐπιταγῇ δούλων
   αὐτοῦ.

9 그들은 자비의 날에 하느님을 경외하며 사는
  선한 세대입니다. 휴식
10 우리의 하느님은 위대하시고 고귀하시며,
  가장 높은 곳에 거주하십니다.
  매일매일 시간을 맞추기 위해 별들을
  궤도에 배열시키십니다.177) 별들은 하느님이 그들에게
  정해준 길에서 이탈하지 않습니다.
11 하느님이 그들을 창조한 날로부터 영원까지
  그들은 하느님을 경외하면서 날마다 그들의
  길로 움직입니다.
12 그들을 만드신 그날부터, 그 옛날부터 그들은 행로를
  벗어나지 않았습니다. 하느님이 당신의 종들에게178)
  명하셔서 (궤도를) 변경한 경우를 제외하고는 그들의
  길은 바뀌지 않았습니다.

---

177) 하느님에 의해 천체의 길이 정해져 있다는 사상은 구약에 여러 번 나
  타난다. 참조 이사 40:26; 구약 시편 104:19; 147:4
178) 여기서 종들은 여호수아(여호 10:12-14)와 이사야(이사 38:8)를 가리킨
  다.

결 론

　지금까지의 논의에서 살펴본 결론은 다음과 같다. <솔로몬의 시편>은 주전 1세기 유대교의 다양한 종교적 분파들 가운데 하나인 바리사이파의 신학을 반영하는 문헌이다. 역사적으로는 주전 1세기 로마의 예루살렘 침략을 배경으로 하고 있으며, 중심 주제는 메시아 대망 사상이다.179)

　<솔로몬의 시편>의 필자는 주전 1세기 중엽의 바리사이 계열의 히브리인이며, 독자는 폼페이우스가 예루살렘을 침략할 당시에 하스모니아 왕가로부터 소외된 바리사이들이다. 대적자로는 "죄인들"과 "이방인들"이 제시되고 있는데, 죄인들은 주전 1세기 중엽에 막강한 세력을 잡고 있다가 이방인들에게 공격당한 제관 계열의 사두가이들이며, "이방인들"은 주전 63년 폼페이우스 지휘하에 예루살렘을 침략한 로마군이다.

　<솔로몬의 시편>의 집필 장소는 예루살렘이 자주 거론되는 점으로 미루어 예루살렘으로 추정된다. 집필 연대는 주전 80-37년 사이로 본다. <솔로몬의 시편>의 원문이 히브리어로 쓰였다는 것에 대해서는 대부분의 학자가 동의하고 있다. 그러나 시리아어 사본은 헬라어 사본으로부터 중역된 것이라는 설도 있고, 현존하는 헬라어 사본과 시리아어 사본에 대한 평가에 있어서는 양자가 모두 히브리어 원문으로부터 직접 번역된 것이라는 설도 있어, 이 두 가지 설이 아직 맞서고 있다.

　<솔로몬의 시편>의 내용을 살펴보면, 바리사이들은 사두가이들과 이방인들의 불의를 비난하면서 메시아를 대망하고 있다(17-18편). 양식에 있어서는 구약성서의 시편과 다소 유사하면서도 탄식시의 양식이 두드러지게 나타나고 있다.

---

179) 시편 17-18편에는 이 메시아사상이 잘 드러나 있다.

<솔로몬의 시편>과 구약성서와의 관계를 살펴보면, 특히 구약성서의 메시아는 이상적인 왕의 모습과 고난의 종 모습으로 나타나는 데 비해 <솔로몬의 시편>에서는 이상적인 왕의 모습만 나타난다(17:32-33).

쿰란 문서와의 관계성을 살펴보면, 유사점과 상이점을 발견할 수 있다. 즉, 죄에 대한 경건한 자들의 두려움은 시편 13:4-5절과 쿰란문서 1QH 4:33-37절에 공통으로 나타난다. 상이점도 나타나는 데 대표적으로 메시아사상을 들 수 있다. 즉, <솔로몬의 시편>에서 메시아사상은 다윗 계통의 왕적인 메시아사상(17:21)인 데 비해 쿰란 문서에서의 메시아사상은 두 메시아사상, 즉 아론과 이스라엘의 메시아사상이 나타난다. <솔로몬의 시편>은 다윗 계통의 왕적인 메시아사상을 말하는 데 반해 쿰란의 메시아사상은 아론 계통의 제관 메시아사상을 강조한다.

신약성서와의 관계를 보면, <솔로몬의 시편>은 다윗의 후손으로부터 메시아가 출현한다는 사상을 가지고 있다. 이점에 있어서는 신약성서와 공통점을 보이고 있다. 그러나 신약성서의 고난의 종으로서의 메시아사상은 <솔로몬의 시편>에 나타나지 않는다.

<솔로몬의 시편>에 나타난 신학 사상은 다음과 같다.

먼저 하느님 사상이다. <솔로몬의 시편>에 나타난 하느님은 첫째, 창조주로서 위대하시며 찬양받으실 분이시다(18:10-12). 둘째, 하느님은 자비로운 분이시다(2:36; 4:25; 5:2, 15; 11:1, 9; 17:3). 셋째, 하느님은 엄정하게 구별하여 심판하고 벌을 내리시는 의로운 재판관이시다(9:2). 넷째, 하느님은 죄인에 대해 그 행위대로 갚으시는 분이시다(2:16; 17:8). 다섯째, 하느님은 의인에게 응답하시고 보답하시며 보호를 해주시는 분이시다(1:1, 5; 5:8; 6:5; 7:7).

요컨대, 하느님은 위대한 창조주로서 자비로운 분이시고, 엄정한 재판관으로서 죄인에게는 악한 침략자를 이용해서라도 징벌을 내리시며, 의인에게는 응답하시고 보상하시며 인도해 주시는 분이시다.

둘째는 의인이다. 의인은 항상 깨어 있으면서 하느님의 뜻을 살피며 실천하는 이들로서 기쁨에 찬 영생을 얻을 자들이다.

셋째는 죄인이다. 죄인은 하느님을 거역하고 성스러운 것들을 더럽히는 자들로서, 자기의 생명마저 저주하면서 영원히 멸망할 자들이다.

넷째는 기도이다. <솔로몬의 시편>에 나타난 기도의 내용은 첫째로 의인이 괴로움에서 구원되기를 청하는 기도, 둘째로 죄인들을 폭로하고 징벌하여 제거해 주기를 청하는 기도, 셋째로 의인을 보살펴주기를 청하는 기도, 넷째로 의인들이 의롭게 살아갈 수 있기를 청하는 기도, 다섯째, 의인들의 구원에 감사하는 기도가 있다.

다섯째는 계약 사상이다. <솔로몬의 시편>에서의 계약 사상은 다윗 계약을 중심으로 하여 하느님의 섭리를 부각하고 있다.

여섯째는 신정론이다. <솔로몬의 시편>은 하느님이 의로우시다고 하면서 의인이 고통을 받는 것은 하느님의 의로움이 잠시 지연되었기 때문이며, 하느님께서 의인을 단련하거나 시험하고자 하시기 때문이라고 본다. 간단히 말해서 필자의 관심은, 의인의 고난 중에서도 하느님은 의로우시어 마지막 날에 메시아의 왕국에서 이스라엘의 고난을 해결해 주시리라는 것을 납득시키는 데 있다(18:6-10).

일곱째는 종말론이다. <솔로몬의 시편>에서의 종말론은 의인들의 성결을 요구하는 데 초점이 있으며, 종말의 날에 있어서 의인의 육체적 부활과 영생의 복 및 죄인들의 파멸을 주장하고 있다.

마지막으로 메시아사상이다. <솔로몬의 시편>에서의 메시아는 하느님의 대리자로서 전쟁에 의하지 않고 통치하며, 의로움과 정의와 거룩한 지혜가 드러나도록 하여, 예루살렘과 하느님을 세상에서 영화롭게 하는 메시아적 왕의 모습으로 나타난다.

참 고 문 헌

공동번역성서 . 서울: 대한성서공회, 1994.

구약성서 새 번역 1 시편 주교회의 성서위원회 편찬/ 임승필 번역. 한국천주교중앙협의회, 1993.

래드, G. E./ 이창우 번역.『신약신학』. 서울: 성광문화사, 1983.

문희석. "구약성서에 나타난 메시야 사상의 기원."「기독교사상」 3(1972), 112-125.

설버그, 레이몬드/ 김의원 역.『신구약 중간사』. 서울: 기독교문서선교회. 1984.

요세푸스.『유대전쟁사 1』. 서울: 달산출판사, 1991.

정양모. "유대교와 기독교."「종교신학연구」 7(1994), 143-178.

최광선.『신구약 중간사-중간기의 역사적 배경』. 서울: 한국로고스 연구원, 1990.

플러써, 데이비드/ 류재영 역. 『에세네 종파사』 . 서울: 예본출판사, 1994.

Aberbach, M. "Historical Allusions of Chapters IV, XI and XIII of the Psalms of Solomon." *JQR* 41(1951), 379-396.

Begrich, J. "Der Text der Psalmen Salomon." *ZNW* 38(1939), 131-164.

Braun, H. *Vom Erbarmen Gottes uber den Gerechten: Zur Theologie der Psalmen Salomos in Gesammelte Studien zum Neuen Testament*. Tubingen, 1962.

Brierre, J-Narbonne. *Exegese apocryphe des propheties messianiques*. Paris, 1937.

Brock, S. P. "The Psalms of Solomon." in *The Apocryphal*

Old Testment, ed. H.F.D. Sparks. Oxford, 1984.

Burrough, M. *The Dead sea Scrolls.* New York: Viking, 1955.

Charlesworth, J. H. "Prayer in the New Testament in Light of Contemporary Jewish Prayers." in *Seminar papers society of Bilblical Literature Scholars Press* (1993), 773-786.

Charles, R. H. "The Psalms of Solomon." in *The Apocrypha and Pseudepigraphy of the Old Testament.* Oxford: The Clarendon Press, 1913.

Dupont-Sommer, A. *Essene Writings from Qumran.* Cleveland: Meridian, 1976.

Eissfeldt, O. "The Psalms of Solomon." in *The Old Testament.* trans., P. R. Ackroad. New York: Harper & Row, Publishers, 1965.

Gray, G. B. "The Psalms of Solomon." *Apocrypha and Pseudcpigrapha of the Old Testsament.* Oxford, 1913, 625-652.

Gry, L. *Le Messie des Psaumes de Salomon* in Museon Nouvelle Serie 7(1906), 231.

Gunkel, H. *Einleitung in die Psalmen.* Gottingen: Vandenhoeck & Ruprecht, 1975.

Hann, R. R. "The Community of the Pious: The Social Setting of the Psalms of Solomon." *SR* 17(1988), 169-189.

Holm-Nielsen, S. *Die Psalmen Salomos(Judische Schriften aushellenistisch romischer Zeit,* Band 4. Lieferung 2. Gutersloh: Gerd More, 1977.

Klarsner, J. History of the Second Temple, lll(in Hebrew). Jerusalem 5, 1958.

Kittel, R. *Die Psalmen Solomos* (from E. Kautzsch, Die Apokryphen und Pseudepigraphen des Alten Testaments, ll). Tübingen, 1900.

Kuhn, K. G./ 조규식 역. "The Two messiahs of Aron and Israel." 「신학논단」 (1957), 55.

Lane, W. L. "Paul's Legacy from Pharisaism: Light from the Psalms of Solomon." *Concordia Journal* 8(1982), 130-138.

Levenson, L. D. *Sinai and Zion: An Entry into the Jewish Bible.* Minneapolis: Winston Press, 1985.

Liver, J. *The House of David* (in Hebrew), Jerusalem, 1959.

Lost, L. *Einleitung in die Apokryphen und Pseudepigrapen.* Heidelberg: Quelle & Meyer,1971.

O' Dell, J. "The Religious Background of the Psalms of Solomon." *RevQ* 3(1961), 241-257.

Nieuelsburg, G. W. E. "The Psalms of Solomon." in *Jewish Literature between the Bible and Mishah.* Fortress 1981, 203-212.

Rahlfs, Alfred ed. *Septuaginta.* Germany: Deutsche Bibelgesell schaft Stuttgart, 1979.

Rosen, D and Salvesen, A. "A Note on the Qumran Temple Scroll 56:15-18 and Psalm of Solomon 17:33." *JJS* 38(1987), 99-101.

Ryle, H. E and James, M. R. *ψαλμοι Σολομωντος Psalms of the Pharisees, Commonly Called the Psalms of Solomon.* Cambridge: University Press, 1891.

Schupphaus, J. *Die Psalmen Solomons.* New York: Viking, 1955.

Rahlfs, A. *Septuaginta.* Stuttgart: Deutsche Bibel gesellschaft,

1935.

Trafton, J. L. "Psalms of Solomon," in *The Anchor Bible Dictionary Vol 6.* New York: Doubleday, 1992.

__________. "The Psalms of Solomon: New Light from the Syriac Version?" *JBL* 105(1986), 227-237.

Volz, P. *Die Eschatologie der Judischen Gemeinde im neu testamentlichen Zeitalter.* Tubingen 2, 1934.

Wellhausen, J. *Die Pharisaer und die Sadduzaer.* Greifswald, 1874.

Wright, R. B. "Psalms of solomon." in *The Old Testament Pseudepigrapha Vol 2* Edited,. J. H. Charlesworthe New York: Doubleday & Company, Inc., 1985.

__________. "The Psalms of Solomon, the Pharisees and the Esssenes." 136-154 in 1972 Proceedings: Internatio nal Organization for Septuagint and Cognate Studies and the SBLPS, ed. R. A. Kraft. SBLSCS 2. Missoula.